家族を愛する技術

どうしても解決できなかった
家族の問題が解決する
家系図リーディング

はじめに

「お母さんなんて、大嫌い！」

「お父さんは、いつも私を理解してくれない」

「家族って、なんでこんなに息苦しいんだろう？」

「私の居場所は、どこにあるの？」

「どうせ、私は愛されていないんだ……」


あなたがこんな気持ちになったことがあるなら、伝えたいことがあります。

それは、**「あなたは葛藤しながらも、家族を愛そうとしている」**ということです。


でも、どうしたら家族を愛せるのかがわからなかった。

だから、家族と距離を取ったり、自分や大切な人を否定しながら、それでも家族を愛するにはどうしたらいいのかを必死に考えていたのだと思います。

諦めていた時期もあるかもしれない。

もしかしたら、今はそこまで家族と向き合おうと思っていないかもしれない。

このまま、過去の出来事として、心の奥に閉じ込めておくこともできる。


それでも、あなたはこの本を手に取りました。

それは、**今も心のどこかに、家族を愛したいという気持ちがあるからです。**

そんなあなたに伝えたいことがあります。


あなたは、悪くない。

そして、同じように、あなたの家族も悪くありません。

ただ、家族を愛する技術を知らなかっただけです。

今日、あなたにこの本を贈ります。

この先、どんな経験をしたとしても、家族のことを諦めなくていいように。
今のあなたなら、もう一度家族と向き合い、わかり合えると信じています。

本書は、家族関係に悩んでいる人たちが、**家系に隠されている愛の物語に気づき、家系の流れを変えるための一冊**として書き上げました。

なぜこのようなテーマで本を書いたのかと言うと、**「人間が持つ悩みの8割以上が、両親との関係に強く影響されている」**からです。

もし、あなたが抱えている悩みが、**あなた自身に原因があるのではなく、生まれ育った家系から影響を受け、家系の中に受け継がれているもの**だとしたら、あなたはどう思いますか?

家系とは、名字を受け継いでいる家の系統です。例えば、本田さんであれば「本田家」という家系があり、井上さんであれば「井上家」という家系があります。

それぞれの家には、独特のしきたりや文化、ルールがあり、現代では薄れてきてはいますが、「○○家の人間として」といった教育方針や家訓もありました。

・生まれ育った家にある暗黙のルールや決まりごと
・その決まりごとによって生じた家族内での人間関係
・家系に繰り返し起きる出来事やトラブル

これらを、本書では**「家系の流れ」**と定義しています。家系の流れは、私たちの人柄や性格に大きな影響を与え、特に幼少期における家族間の様々な経験は、大人になった今でも根深く私たちの中に残っています。

この**家系の流れを可視化したものが、本書で扱う家系図です。**

家系図を作ることで、自分の家系の流れを知り、知らず知らずのうちに影響を受けてきた事柄や、家系に受け継がれているテーマを知ることができます。

どんな家系にも、必ず愛の物語が存在しています。

もし家系の中に、世代を超えて繰り返しているテーマがあるとすれば、それは愛の物語に気づいていないことが原因だと考えられます。

本来は愛として扱われるはずのものが、時代を経て、何かのはずみで問題視されてしまうと、両親から自分たちの世代、自分たちから子どもたちの世代へと、負の遺産として受け継がれてしまうのです。その負の遺産は私たちに先入観や思い込みを与えるため、私たちが抱えている悩みは、単に個人のものだけではないという可能性があります。

本書で作る家系図は、誰が、いつ生まれて、いつ亡くなったのかという、一般的な家系図とは違い、「家系に受け継がれている感情や記憶」に主軸を置いたものになります。

例えば、おじいちゃんやおばあちゃんはどんな人だったのか、親戚の中に目立った人はいなかったか、家族の中で繰り返される病気やトラブルなどはないか、など私たちが覚えていることを整理していくのが、本書の家系図です。

また、**誰かや何かに問題があるといった問題探しをすることが目的ではなく、家系に流れる愛の物語を知ることを目的としています。**

家系図を作ることで、先祖という実際に存在した人たちの人柄や思い、知らず知らずのうちに私たちが受けている影響を知り、今を生きる私たちが、家族関係においてどのように取り組んでいけばいいかを明確にすることで、家系の中に受け継がれる愛に気づき、家系の流れを変えることができます。

家系の流れを知ることは、自分を知り、未来を生きる道しるべになります。

「過去がこうだったから、私はこうなんだ」
「両親があんなふうだったから、私はこうなんだ」
「生まれた家が悪かったから、私はこうなんだ」

というように、家族や自分の生まれた環境やルーツを言い訳にするのではなく、どんな家族の中に生まれたとしても、私たちは祝福されて生まれてきたこと。
未来は、今を生きる私たちの行動によって変えることができることを確信してもらうためのきっかけになれば幸いです。

もし家系図を作ったことで、家系や自分のルーツに興味が出てきた方は、自分の先祖と縁のある神社（氏神様や、生まれた土地の産土様、一ノ宮）なども調べてみると、新たな発見や不思議なご縁ができるかもしれません。

読者のみなさんが、家系に隠された愛の物語を思い出すことによって、自分自身のことも、大切な人たちのことも大切にしながら、新しい人生と人間関係を生き始めることができるよう、心を重ねてお手伝いさせていただきます。

それでは、あなたの家系に隠されていた愛の物語を読み進めていきましょう。

一般社団法人アクセスリーディング協会代表理事　吉武大輔

●目次●

第4章 家系図を読み解くための法則

本書を読み進める前に伝えたいこと

最初に、あなたがこの本を手に取ってくださったことに、心から感謝します。

これまでリーディングという手法を用いて累計８０００件以上の個人カウンセリングを経験してきた中で、老若男女、年齢や職業を問わず、それらの**多くの悩みの根本には、家族関係のテーマがありました。**

家族関係は、私たちが生きる上で、切っても切れない大切なものです。多くの人は無自覚かもしれませんが、**あなたが両親とどのような関係を築いてきたのかが、あなたが他者とどのような人間関係を築くのかの雛形になっています。**

両親との関係が良好だった人は、大人になってからも人間関係が良好なことが多く、両親との関係が望む形ではなかった人は、両親との関係と似たようなパターンを繰り返していたり、絶対に「ああはなりたくない」と思っていた両親と同じような言動を取っている自分に、ハッとすることがあるかもしれません。

はじめに、これから家族を愛する技術を身につけるために大切なことを、あえて苦言として伝えさせてください。それは次のようなものです。

★両親がどんなに最悪な親だったとしても、両親を愛することはできます。

★両親を愛せないのは、両親のせいではなく、あなたの未熟さが原因です。

★あなたが成熟した人間であれば、両親を愛し、感謝することができます。

★両親との不仲の理由を、両親のせいにしているうちは「両親に依存して生きている」ことに無自覚です。

この事実を受け入れないと、いつまで経っても家族関係は前に進みません。

家族関係に悩んでいる人の多くが、お互いに責任転嫁をしています。

「お父さんが悪い、お母さんが悪い」「いや、子どもが悪い」「姑が」「兄弟が」この本を手に取ったあなたであれば、心のどこかでわかっていると思います。これ以上、親や誰かのせいにしても何も変わらないことを。

何より、あの頑固で偏屈な両親は変わることはないということを！

もし、家族関係を良くしたいと思うのであれば、まずはあなた自身が変わるしかありません。

念のためにお伝えしておきますが、あなたが変わることは、別に、両親の犠牲になることでも、両親に負けてしまうことでもありません。

あなたが変わるための一歩を踏み出すのは、あなた自身のためです。

何を言っても変わらない、どうしようもない人を相手にして自分が疲弊するのではなく、どんなに最悪な相手だとしても、微塵もマイナスの影響を受けることなく、逆に相手を愛してしまえる自分になったほうが、圧倒的に楽なのです。

相手が幼稚で、エゴたっぷりの対応をしてきたときに、それに反応してしまうのは、残念ながら、自分と相手が同等だと自ら露呈していることになります。

親の影響をいつまでも気にするのではなく、あなたがあなた自身の人生を生きること。それが結果的に、あなたのためにも、親のためにも、家系全体のためにもなります。

今のあなたと同じように家族関係に悩み、苦しんできた私の過去のクライアントも、自分が変わることで家族との良好な関係を築き直してきました。

「いつも喧嘩していた両親と穏やかに話せるようになった」
「10年以上絶縁していた母親や父親と和解した」
「口うるさかった母親が、話を聞いてくれるようになった」

「父親が、不器用ながら愛を表現してくれるようになった」
「自分の夢ややりたいことを、両親が応援してくれるようになった」
「人生で初めて家族旅行に行くことができた」
「両親との関係が変わると、自分の子どもとの関係も変わった」

次はあなたの番です。
過去の出来事を変えることはできませんが、未来は変えることができます。
あなたが理想とする家族の未来を、一緒に作っていきましょう。

第1章 家系図に関する基礎知識

1-1 家系図リーディングはどのようにして始まったのか

まずは、家系に隠されている愛の物語に気づき、家系の流れを変えるための技術、「家系図リーディング」がどのようにして始まったのかについて、紹介させてください。

私は、カウンセリングやコンサルティングといった、人の悩みを解決することを仕事にしています。

実は、もともとカウンセラーやコンサルタントになりたかった訳ではなく、学生の頃から人の相談に乗る機会が不思議と多く、それがたまたま仕事になったのがことの始まりです。

最初は相手の話を聞いて、自分なりに感じたことをお伝えするだけのカウンセリングでしたが、１０００件、２０００件と数をこなしていくうちにケーススタディ（事例）が蓄積され、人の悩みの本質が少しずつ見えるようになりました。

最初に気づいたのは、**細やかな状況は違ったとしても、ほとんどの人が同じような悩みを抱えている**ということです。

例えば、**人の悩みの多くは、自分で抑圧した感情が原因**になっています。

なんらかの出来事に対して、そのときに覚えた感情を我慢したり、うまく表現できなかったりすると、人から理解してもらえなかったり、批判されるなど、望まない現実に直面します。

そのような経験が続くと、過去の思い込みから物事を見てしまい、自分にとって都合のいい解釈や自分を守るための言い訳が始まり、余計にその間違った思い込みを強化してしまいます。

すべての始まりは、「自分が本音を言わなかった、相手と向き合わずに誤魔化した、我慢した」など自分の選択なのですが、時間が経つと「あの人が話を聞いてくれなかった」「自分は我慢した、あの人は自由にやっていた」など、無意識の自己防衛・自己解釈が始まってしまうのが心の仕組みです。

このような仕組みについて、ほとんどの人が知らないので、「あの人がこうだから」「あの出来事のせいで私は」というように、心の弱い部分（自我）は、必死に自分を守ろうとして、自責や他責を繰り返してしまいます。

そうすると、自分を守る癖が定着し、常に反応的な態度を取ってしまうようになり、自分がどうしたいのか、大切なものは何かを考えるよりも、どうしたら傷つかずにすむか、どうしたら嫌われないかという受動的な考え方に陥ります。

その結果、自分の感情や本音をさらに抑圧するようになり、その抑圧された感情や思考のネガティブな影響が、周囲の人たちを巻き込んだ人間関係の問題に発展し、お金、夢、やりたいこと、健康など、様々な問題につながっていくのです。

これが、人の悩みが生じるパターンの代表的なものの一つです。

このようなパターンをたくさん見てきたので、ほとんどの悩み相談は比較的スムーズに解決することができていたのですが、このパターンがうまく作用しないケースに遭遇することがたまにありました。

それは、**本人に抑圧した感情や自己都合的な解釈がないにもかかわらず、なぜか問題が立て続けに発生したり、本人は幸せなのになぜか家族や周囲の人が苦しんでいるといった、クライアント本人に原因を探れないケースです。**

様々なアプローチを試したのですが、本人に自覚がないものは解決することができません。

そこで、カウンセリングの鉄則である「両親との関係」をさらに探り、クライアントと両親との関係を超えて、**「クライアントの両親とその両親（祖父や祖母）との関係」**をみていったところ、そこにヒントが隠されていました。

実は、**クライアントの周囲で起きていた問題と同じような問題が、祖父母の代でも起きていたのです。**

クライアントではなく、祖父母の代で抑圧されていた感情を探し、その感情と同じものを持っている人の感情を解放するという手法を取ったところ、問題が解決されるということが立て続けに起きました。

この一連の出来事から、**多くの人の家系に「共通するテーマ」がいくつか存在する**ことに気づきました。

例えば、子どもを虐待してしまうことで苦しんでいる親子のケースでは、実は自分も親からの虐待に苦しんだ経験があること。親族が原因不明の病気で亡くなることが多い家系では、なぜかその病状が家系の中で続くこと。不倫関係の人しか好きになれない人の家系図を読み解くと、自分の祖父母が不倫や駆け落ちをしていたことなど、今のクライアントが抱えているテーマと関連するテーマが、両親や祖父母の代にもあったのです。

もちろん、すべてのケースが該当するわけではありませんが、通常のカウンセリングでは解決できないケースにおいては、家系のテーマを探っていくことで、解決の糸口を見出すことができました。

家系のテーマを探るために、手書きで家系図らしきものを書きながら、家系全体の関係性を紙の上で整理していたものが、家系図リーディングの原型です。

家系の全体像を紙に書き出すことで、家系に受け継がれているテーマを発見・分析し、今に生きる私たちにできることを明確にすることで、過去・現在・未来をつなげることができます。

そもそも家系図と聞いても、みなさんにとって身近なものではないかもしれません。代々、家系図が継承されている家は少なくなっていますし、家系図の存在すら気にしたことがない方のほうが多いのではないでしょうか。

家系図を作る方法として一般的なのは、市役所などの市民課や住民課を訪れ、戸籍謄本を取得することですが、本書ではその必要はありません。

クライアントの記憶から、必要な情報の８割を読み解けるケースがほとんどです。場合によっては、両親や親族の方に情報を聞くケースもありますが、**大切なのは、自分自身が自分の家族に対して、どのような印象を持っていて、その印象はどのような出来事や記憶から作られたのかを認識することにあります。**

家系全体の関係性を紐解いていくと、実は両親とその両親、つまりみなさんからみて、祖父母と両親の関係も関係していると気づくことができると思います。

家系図を見つめ直すことで、これからの家系や家族をどうしていきたいかを考え、理想の家系を作るための道しるべを手にしていきましょう。

1-2　私たちにとって家族とは何か

私たちは、生まれてから一人の人間として精神的・経済的に自立するまでに約20年という期間を要します。

その大半の期間を家族と過ごしながら、幼少期というスポンジのようになんでも吸収する時期に、両親の価値観から大きな影響を受けることになります。

大人であれば、「この価値観は取り入れよう、この価値観は自分とは合わない」と自分で選択する力が身についているのですが、幼少期はそうではありません。

「三つ子の魂百まで」という言葉があるように、**幼少期の記憶や経験は、無意識のうちに刷り込まれ、私たちの人格や性格の土台となります。**

両親との関係が良好であれば、両親から受け継いだ価値観と自分の経験から得た価値観をうまく融合して、自己を確立していくことができますが、両親との関係がうまくいかないまま大人になってしまうと、「年齢的には大人だが、精神的には子ども」という人間になってしまうことがあります。

さらに、幼い精神状態で結婚して親になると、子どもに対しての接し方がわからなかったり、イライラして自分の気持ちをぶつけてしまうなどの悪循環が続いていることも少なくありません。

このような人たちの特徴として、

・幼少期に両親に愛されなかった。
・家庭環境に恵まれなかった。
・自分は悪くない。悪いのは親だ。
・自分は精一杯やっている。社会が悪い。

など、反応的・依存的な言動を取ってしまいがちです。

また、自分の責任を棚に上げて、他者や環境に責任転嫁をしていることに無自覚だったり、周囲の協力や助言にすら攻撃的になることもあります。

そんな環境で育てられた子どもは、**引きこもるか荒れるか**のどちらかを経験することがあります。

今までの統計からみると、**引きこもる子の多くが母親との関係をテーマに持っており、荒れる子の多くは父親との関係をテーマに持っています。**

引きこもるというのは、母親の側にいようとする子どもの愛の現れです。

表面的な理由は様々あると思いますが、本質的には母親を助けたい、母親に寄り添いたいという思いが、子どもを引きこもりにしています。

なので、**子どもの問題と捉えるのではなく、母親が幸せになることに取り組むと、子どもは徐々に変化し始め、自立していきます。**

ただし、あまりに引きこもる時期が長いと、子ども自身の自己価値が停滞し、引きこもりから抜け出せなくなってしまうので、早めに対応することが望ましいでしょう。

一方で、**荒れるというのは、父親を超えようとする子どもの愛の現れです。**

家庭の中で父親が権力を持っていたり、独裁的な振る舞いをしていると、家庭の中に自分の居場所がないと感じた子どもは、外の世界で力を持とうとして非行に走ります。

本当は「父親の力になりたい、父親を楽にしてあげたい」という思いからなのですが、子どもの真意が親に通じないと、敵対して打ち負かそうとする方向に意識が向かってしまい、さらに関係が悪化してしまいます。

この場合は、**父親が子どもの存在や自立、自由を認めること、また母親（パートナー）を大切にすることで、解決に向かうケースがよくあります。**

このような子どもたちには本来、**「親以外の大人の愛」も必要**なのですが、今の社会は核家族化していることから、親以外に親身になって接してくれる大人と出会いづらくなっています。

昔であれば、おじいちゃん・おばあちゃんをはじめ、親戚や近所のおじさん・おばさん、学校の先生、年の離れたイトコなどがいたのですが、そのような人たちと接する機会はどんどん失われています。

親から無条件の愛を与えられなかった子どもが親になり、自分の子どもとどう接したらいいのかがわからないまま子どもを育て、そのように育てられた子どもがまた同じように葛藤する。

そんな家系の流れを変えるためには、家族関係を考える前に、まず一人の人間として自立する必要があります。

自立とは、自分で自分を導くことだと私は考えています。

誰かや何かがあなたを幸せにしてくれるわけではありません。

ましてや自立できない理由を親のせいにしているうちは、いくら年齢が成人に達していても、真に自立した大人とは言えません。

昨今、このような人が増えているように感じていますが、その原因として、単に自分と両親だけの問題ではなく、脈々と家系に受け継がれているテーマに影響を受けているからではないかと思います。

両親に依存しないと生きていけなかった幼い頃の私たちは、両親に完璧を求めてしまいます。

ですが、両親も子育てを通じて初めて親になるのであって、最初から完璧な親は存在しません。

もしあなたが今、親の立場になっているのであれば、そのことを身をもって経験されているのではないでしょうか。

親自身、「子どもに幸せになってほしい」と願いながらも、何が子どものためになるのか、何が正解なのかがわかっていないことがほとんどです。

両親へのネガティブな想いを抱えている方は、あなたの幼かった頃に、あなたの両親が何歳だったのかを計算してみてください。

もしかしたら、今のあなたよりもずっと若かったかもしれません。

両親も、今のあなたのように悩みながら、子育てをしていたかもしれません。

大人になった今のあなたならば、幼い頃は気づくことができなかった、当時の両親の葛藤や苦しみを理解できるかもしれません。

1-3 人の悩みの根本には、自責か他責がある

人の悩みの根本には、自責か他責があります。

例えば、「私を愛してほしい、私の言うことを聞いてほしい、私の願いを叶えてほしい」という誰もが幼少期に願うことが叶わなかったとします。

自責の場合は、

「自分は愛されていないんだ」
「私が悪い子だからいけないんだ」
「もっといい子にならないと愛されないんだ」

というように反応します。

一方で、他責の場合は、

「なんて最悪な両親なんだ」

「父親も母親も、まったくわかっていない」

「なら、私は好きにやらせてもらうわ」

というように反応します。

自責であっても、他責であっても、根本は愛の掛け違いが原因です。

「本当はこうしてあげたいのに、なぜかできない」

「本当はこう思っているのに、うまく伝えられない」

そんな些細なことが積み重なって、人はだんだんと自分の思いとは裏腹な言動を取ってしまうようになり、それが習慣になってしまいます。

このずれた習慣が、あたかも本当の自分の思いであるかのように錯覚してしまうことも、思い込みの怖いところです。

本当は、自分のことも相手のことも大切にしたいのに、それができない自分を本当の自分だと思ってしまうのです。

その思い込みがさらに強くなると、ちょっとしたことでイライラしたり、悲しくなったり、相手や自分を責めてしまうことが、パターン化していきます。

このようなネガティブなスパイラルから抜け出すためには、**「愛は能動系」**という原則を理解する必要があります。

能動系とは、「まず自分が行動する」ということです。

- **愛されたければ、愛する。**
- **話を聞いてもらいたければ、話を聞く。**
- **理解されたければ、まず理解する。**
- **共感してほしかったら、まず共感する。**

このとき、**条件付き（対価を期待している状態）だと、うまくいきません。**

家族は、あなたが無条件の愛に目覚めることができるかどうかチェックをしてくれる存在です。

つまり、**家族を愛する技術とは、自分から行動を起こすことで、家系の流れを変えるものです。**

私たちは、「家族に幸せにしてもらう」ために生まれてきたのではなく、「家族と一緒に幸せになる」ために生まれてきました。

1-4 家系は人間関係の力学で出来ている

家系に見出していくのは、**人間関係の力学**です。

どんな人でも、なんらかの人間関係の中に生きています。

家族という最小単位のコミュニティから始まり、学校、地域、会社、社会、国、世界へと広がり、人間関係の中で自分という存在を認識しながら、他者とのコミュニケーションを通じて、成長・成熟していきます。

人は、常に関係性の中に生きているのですが、私たちは人間関係の作り方や、感情の扱い方などを学ぶ機会がほとんどないまま大人になります。

・仲良くしましょう。
・喧嘩はやめましょう。
・自己中心的な行動は控えましょう。
・人の話をよく聞きましょう。

というように、○○はダメということは言われてきましたが、

・こんな感情が湧いてきたときは、こんなふうにするといいです。
・私たち人間は、こんなとき、こんな感情を覚えます。
・怒りとは、こういうメカニズムで出来ています。
・悲しみや孤独というのは、こんなときに覚える感情です。

といった、人間の心や関係の原則を体系的に学ぶ機会には、ほとんど恵まれてきませんでした。

少し難しい話になりますが、私たちが「自分」を認識するためには、「他者」と「言葉」が不可欠です。

もし世界に自分一人しか存在していなければ、自分がどんな人間なのかを考えることも、知ることもできませんし、言葉がなければ、特定の感覚や状況を認識することができず、思考することもできません（試しに、言葉を使わずに何かを考えようとしてみてください）。

私たちは他者との関係や言葉を通じて、自分とは何者なのかを認識していますが、これらは最終的に**「自己対話」**によって決定づけられます。

例えば、両親（他者）から「あなたは本当にダメな子ね（言葉）」と言われ続けた人は、「そうか、私はダメな子なんだ」という自己対話を通じて、自分はダメな子だと思い込むようにプログラムされます。

逆に、両親（他者）から「あなたは本当に素晴らしい子よ（言葉）」と言われ続けた人は、「私は素晴らしい存在なんだ」という自己対話がなされます。

私たちは、毎日数百回、数千回の無意識の自己対話を繰り返しているので、**自己対話が肯定的な人はどんどん自己肯定感が高まり、否定的な自己対話が多い人は、どんどん自己肯定感が下がっていきます。**

両親がネガティブな言葉を使っていれば、子どもも必然的にネガティブになりますが、「なんで、あんたはそうなのよ！」といった自分たちが子どもに投げかけているネガティブな言葉に気づける親はそう多くはいません。

私たちはいつも、関係性という人間関係の力学の中に生きています。

個人の感情の扱い方を知り、他者との関係性の作り方を理解することができれば、いつでも、どこでも、誰とでも、豊かに生きていくことができます。

ここで突然ですが、あなたに質問をさせてください。
以下の質問は、ある取材で仲の良い家族にインタビューした時のものです。

・両親の名前を漢字で書くことはできますか？
・二人の生年月日は知っていますか？
・二人がどのようにして出会い、どのようにして結婚し、どのようにしてあなたが生まれたのかを聞いたことはありますか？
・お父さんの仕事はなんですか？
・お母さんは結婚する前、どんな仕事をしていましたか？
・娘さんが一番仲の良い友達の名前はなんですか？
・息子さんが好きな遊びはなんですか？

実は、多くの家族がこれらの質問に答えることができませんでした。家族という近い存在でも、意外にお互いのことを知らないものです。

子どもが両親の昔の話を聞くのは気恥ずかしかったり、両親もなかなか教えてくれないかもしれません。

もしかしたら、自分のおじいちゃん・おばあちゃんの名前すら知らなかったり、どんな人生を生きてきたのか、何を大切に生きてきたのかも知らないまま、私たちは家族として生きていることもあります。

家族を愛するための最初の一歩は、相手を知ろうという姿勢から始まります。

まずは、身近な人を理解することから始めてみましょう。

それが、あなた自身を理解するための第一歩でもあります。

■ワーク■

◉あなたの両親の名前と生年月日を書き出してみましょう。

◉あなたの父方の祖父母、あなたの母方の祖父母の名前と生年月日を書き出してみましょう。

◉そのほか、あなたと関係の近い人（兄弟や従兄弟、叔父や叔母など）の名前と生年月日を書き出してみましょう。

◉亡くなられている場合は、命日も書き出してみましょう。

◉わからないという場合は、両親や親族の方に確認してみましょう。

1-5 家系図リーディングで大切にしている三つのこと

家系図リーディングで家系全体を読み解いていくと、通常のカウンセリングでは解決できないような問題も解決に向かうケースが増えていました。

しかし、なぜ家系のことに取り組むと問題が解決するのかという因果関係と具体的な証拠を示すことができないため、家系図リーディングを行う際は、次の三つのことを大切にしています。

(1)三世代以上続くテーマ（フラクタル）があること。
(2)霊能力のようなものではなく、論理的に説明できるものであること。
(3)家系図を読み解き、実際に行動しても、現実に変化がなければ、家系図に執着せずに、ほかのアプローチに切り替えること。

まず一つ目に大切なことが、**三世代以上で繰り返されているテーマ（フラクタル）があるかどうかです。**

これまでのケースからみると、家系図を読み解くことでヒントを得ることができたのは2〜3割で、家系図は必要なく、個人のテーマであることが半数以上でした。

詳しくは第4章の「フラクタルの法則」（P118）で扱いますが、フラクタルとは先祖の代に起きていたことが同じように子孫の代にも現れることです。

このフラクタルが見当たらない場合は、個人のテーマであると考えるのが健全です。

二つ目に大切なことが、家系の中で抑圧された感情を探すという抽象的な概念を扱うため、**霊能力のようなものだと勘違いされないように心がける**ということです。

論理的に読み解けるものでなければ、人を依存させてしまったり、怪しいものだとみられて、本当に必要とする人に届かなくなる可能性があります。

ときとして、論理的に説明できないケースもありますが、大切なことは家系の流れが変わることであり、見えない世界を盲目的に信じることではありません。

見えない世界や心の世界について説明するときには、いつも「ワインのソムリエ」を例えにお話をしています。

例えば、素人の私たちがワインを飲んでも、「赤ワインか白ワインか」くらいの違いしかわからないかもしれません。

ですが、これまで数千回、数万回もワインを飲んできたソムリエは、色、味、香り、見た目などから、そのワインの産地、ぶどうの種類、生産者、生産年などを言い当てることができます。

これらは、過去に味わったことがあるワインのデータベースが頭の中にあるからこそ見極めることができる技術です。

家系図リーディングでも、「過去の事例からこんなことが予想される」「このような家系ではこういう人がいる可能性が高い」など、過去のデータや法則から読み解いていくので、法則に則った説明が可能です（たまに変則的な場合もありますが、それも家系図の面白さです）。

三つ目に大切なのが、**家系図を読み解いても解決しない問題は、家系の問題ではなく、個人の問題として取り組むというスタンスを大切にすることで、目の前の課題から目をそむけないように徹底する**、ということです。

先ほどお伝えした通り、なんでも家系や両親のせいにしている人は、自分が依存的であることに無自覚で、そのような在り方では問題を解決することはできません。

どんな両親であっても、自分が愛することから始めるというスタンスがあれば、解決に向かうケースはたくさんあります。

家系図リーディングは、家族関係にまつわる根深いテーマに関して、非常に有効な手段です。

これから本書を読み進めていくみなさんも、「家系図リーディングで大切にしている三つのこと」を忘れないでください。

第1章のまとめ

★両親や家族との関係が、
あなたの人間関係の雛形になっている。

★あなた自身が変わることで、
家系の流れを変えることができる。

★家系には、共通するテーマが存在する。

★愛は能動系。まず自分が行動すること。

★家系図リーディングで大切にしている
三つのことを忘れないこと。

第2章
家系の中心は、男女（夫婦）の愛

家系の中心は夫婦関係ですが、特に**女性の気持ちや家系内での立場が家系に大きな影響を与えます。**

家族や家系にとって最もシンプルで大切なことは、「夫婦仲が良いこと」です。

家系は夫婦によって育まれ、子どもによって受け継がれていくため、家系のテーマの多くは夫婦関係から生まれます。

そのため、**家系におけるテーマも夫婦が向き合うことで完了するケースも少なくありません。**

夫婦仲が良いというのは、**妻が夫を尊敬し、夫は妻を信頼していること**です。これが**基本的な男女のパートナーシップの土台**と言っても過言ではありません。

夫婦がお互いを信頼し、尊敬し合うためには、自分の両親の関係が良好であることも鍵となります。

なぜなら**両親の夫婦仲が、自分たちが家族を作るときの雛形**となるからです。

もともと他人同士だった二人を、家族として結びつけるのが結婚であり、夫婦の愛の象徴が子どもです。

ときとして、父方の家系と母方の家系の子育てのルールの違いなどに戸惑いながらも、育ってきた環境や家庭の状況の違いを受け入れながら、自分たち夫婦の子育ての形を見出していくことで、家族としての自立の道を歩むことができます。

子どもを父方にも母方にも可愛がってもらうことで、両家のエネルギーを子どもに円滑に引き継がせていくことができます。

子育てについては、一筋縄ではいかないことも多くありますが、本当はお互いに理解し合いたい、協力し合いたい、という気持ちがあることを忘れずに、まずは相手を理解することから始めてみてください。

自分がまず理解に徹しようという姿勢の人が家系の中に一人でも現れると、家族全体の関係性は優しいものになっていきます。

2-1 男性性と女性性のバランスを理解する

夫婦というものを理解するためには、男性性と女性性について理解しておく必要があります。

男性性と女性性とは、肉体的な性別ではなく、男性的な性質と女性的な性質を表しているものです。

男性の中にも女性性があり、女性の中にも男性性があります。

男性性＝父性、女性性＝母性と言うこともでき、良好な人間関係は男性性と女性性が調和している状態と言っても過言ではないかもしれません。

男性性と女性性のキーワードは、下記の表の通りです。

男性性と女性性は、磁石のようなもので、互いに惹かれ合ったり、反発し合ったりしながら、お互いにとって心地良く、バランスのいい関係を求め合います。

男性性	女性性
陽	陰
縦	横
外	内
剛	柔
結果	過程
現実	理想
思考	感情
決断	覚悟
与える	受け取る
論理的	感覚的
一貫性	柔軟性
リーダーシップ	マネジメント

この「バランス」という考え方がとても大切なので、説明していきましょう。

まず、一人の人間の中に、男性性と女性性があります。

性別は男性でも、中性的な人は女性性が強く、女性でも男勝りと言われたり、行動力がある人は男性性が強いと言えます。

ちょうどいいバランスというのは、人によって違うため、一概に決めつけることはできません。

例えば、ものすごく男らしい父親の元に、とても優しい男の子が生まれたとします。男性性と女性性を理解していないと、父親は息子に対して「もっと男らしくしなさい！」と男性性を強めるように求めるかもしれません。

ですがその子の本質が、優しさや受容といった女性性の割合が大きいものだとすると、その子の良い部分は伸びず、無理をして男らしくあろうとしてバランスを崩してしまいます。

この考え方は、子育てに限らず、組織においても同じことが言えます。

男性だから営業（外）、女性だから事務（内）といった従来の考え方ではなく、それぞれの特性に合わせて適材適所で配置できる組織が、これからの時代で伸びていく組織になると思います。

また、男性性と女性性はバランスを取り合うという話をしましたが、個人の中にある男性性と女性性が、他者との関わりによってもバランスを取り合います。

例えば、職場でテキパキと仕事を行う男性性が強いキャリアウーマンが、大好きな男性の前では急にしおらしくなり、照れたりするのは、自分よりも男性性が強い人といると、女性性が引き出されて女性らしくなるからです。

ほかにも、普段は「ママ、ママ」と甘えん坊の男の子が、同年代の女の子が泣いていたり困っていると、「僕が○○ちゃんを守るんだ」と男らしくなったりします。

私たちはこのように、**自分の中にある男性性と女性性を他者との関わりの中で調和させていくことで、自分のバランスを知っていきます。**

基本的に私たちは、**父親から男性性を学び、母親から女性性を学びます**が、両親が男性性と女性性を統合できていない場合、子どもは歪んだ男性性と女性性を引き継いでしまいます。

また、両親のどちらかが暴力的であったり、支配的であるのは、男性性のほうが過度に強くなっていることが多く、一方で、自信を持てなかったり、自己犠牲をしてしまうのは、女性性が弱くなっていることが考えられます。

自分にとって、男性性と女性性の最適なバランスはどんなものなのか、バランスを崩しているとすれば、どちらに偏っているのかを客観的に見つめる機会を持ちましょう。

2-2 父親の役割は、母親を愛し、家族を幸せにすること

ここからは、家族を構成する四つの要素、「父親、母親、子ども、祖父母」についてみていきましょう。

父親は、社会との関わり方を子どもに伝える役割を担っています。

子どもは父親を通じて、仕事、お金、経済的自立、大切なものを守ることの大切さなどを学んでいきます。

そして、父親が母親を大切にする姿と、家長として社会で活躍する姿から、家庭を守り、社会に対して価値を与えていくという男性の役割を知ります。

進むべき方向を示し、行動することによって現実を変えていく。そのために自分自身を磨き、より大きな目標や成果に向かって挑戦し続ける。そのような父性のエネルギーに呼応して、子ども自身も自分の目標に向かって行動し、父親はその過程で知恵と勇気を授けていきます。

最終的には、**男の子は父親を超えること、女の子は父親を超える男性と出会い結ばれることを通じて自立していきます。**

ただし、**父親と子どもは母親を通じて深いつながりを作っていく**ため、いくら父親が子どもを溺愛していても、**母親が父親を尊敬していない場合は、子どもはそれを見抜き、父親の言うことを聞かなくなる傾向があります。**

父親の最大の役割は、お金を稼いでくることではなく、母親を愛し、家族を幸せにすることに他なりません。

2-3 母親の役割は、無条件の愛を家系に注ぐこと

母親は、人間関係の作り方を子どもに伝える役割を担っています。

子どもは母親を通じて、愛、感情、精神的自立、人間関係の育み方などを学んでいきます。

また、母親が家族のために無条件の愛を注ぎ、父親を尊敬し、家族の絆を育む姿から、女性の役割を知ります。

家庭やコミュニティの潤滑油であり、関わる人たちとの関係性を育むことで、安心と信頼の場所を作っていく。そのような母性愛に包まれながら、**男の子は母親に愛され、母親を愛することによってパートナーとの関係性の作り方を学び、女の子は愛する男性から愛される自分作りをしていくことで、自立した一人の存在となっていきます。**

母親の無条件の愛は、家系全体に不可欠なものであり、女性として、妻として、母として、「女性の三徳」を務めていく母親の存在があって初めて円満な家庭を築くことができます。

2-4 子どもの役割は、親を超えること

子どもは、自分自身の存在を通じて、夫婦仲を良くする役割を担っています。

無邪気さや好奇心を発揮して、世界を広げていくその姿は、成長する喜びや、人を愛し、人から愛されることの大切さを思い出させます。

子どもは、3歳までに無条件の愛を体験し、5歳までに物事の分別を覚え、7歳で自らの意志を持つことによって、その後の人生の基本的な価値観や物事の捉え方を習得します。

また、子どもは親の言動を真似ることによって、物事を学習していくため、幼少期は特に親の影響を多大に受けます。

親は見たくない自分やこれまで避けてきた課題が、子育てを通じて浮き彫りになるため、自分自身と向き合わざるを得なくなります。

子育てに悩む場合、それは子どもの問題ではなく、多くが親自身の問題です。

子ども自身も、親とのやり取りを通じて自らを成長させながら、最終的には「親を超える」という役割を担っています。子どもが親を超えることができず、親が子どもをコントロールしている親子関係では、お互いに依存し合い、家系のドラマを演じてしまうことになります。

親にとっての喜びは、無条件の愛を注ぎ続けて育てた子どもが一人立ちすることであり、子どもにとっての責任は、そんな親に感謝しながら、次は自らが親として、自分を超える子どもを育てることにあります。

2-5 祖父母の役割は、見守ること

祖父母は、自分たちが経験してきたことを子どもや孫に伝承し、見守るという役割を担っています。

慈愛、貢献、奉仕など、自分と関わりのあるすべてのものを大きな愛で見守り、喜びから与えるという姿勢は、祖父母から子孫へと受け継がれていきます。

祖父母は、孫に対しての愛情はもちろんのこと、自分の子どもたち（父親や母親）の子育てを支援することを通じて、子どもたちに親としての自覚を促していきます。

また、子育て（孫育て）に関わることで、祖父母自身も自己肯定感や充実感を覚えることができるため、**三世代で子育てをすることは親孝行にもつながります。**

祖父母は豊富な人生経験から、失敗させることの大切さを知っており、一から十まですべてに、こうしなさい、ああしなさい、という指示はしません。子どもや孫にまずやらせてみた上で、必要なサポートを行うという見守りの姿勢で関わります。

いくら正しい知識や豊富な経験があったとしても、過干渉になることや自分の感情や正論を押しつけることはせずに、子どもや孫の主体性を信頼して、寄り添い続けていくのが祖父母の役割です。

■コラム

子育てを通じて、家族は向き合っていく

子育ての本質は、親は子どもを通じて自分自身を見つめ、子どもは親を通じて自分自身と向き合うことにあります。

親も子どもも自分と向き合う機会が子育てです。

子育て中は、今まで見ないようにしてきた気持ちや過去の思い出、自分にとっての当たり前が通用しないという状況が頻繁に訪れます。

そのときに、イライラしたり、子どもに当たるのではなく、親自身が自分の感情や価値観を客観的に見つめ、子育てを通じて変化していくという発想がなければ、親にとっても子どもにとっても、子育ては苦難に満ちたものになるでしょう。

子育てをどうしたらいいかと悩む前に、親が自分の人生を楽しみ、充実させていけば、子どもにも自然と良い影響を与えられます。

「お父さんって、いつも楽しそうだね！」
「お母さんって、なんでそんなにお友達が多いの？」
「おじいちゃんは、いろんなことができてすごいなぁ」
「おばあちゃんの料理って、本当に美味しい！」

子どもは、どんな些細なことも受け取り、自分の世界を広げていこうとします。何かを無理に教え、伝えようとしなくても、親自身が自分のことやパートナー、家族のことを信頼していれば、子どももあなたや家族のことを大好きでいてくれます。

子どもは、親を必要としたり、拒否したりしながら自己を形成していくので、子どもが親を拒否するということは、本当は親を求めているということです。

子どものすべてを受け入れ、無条件の愛を持って接することで、子どもも親自身も、成熟した生き方ができるようになっていくのだと思います。

第２章のまとめ

★円満な家系には、男女（夫婦）の愛がある。

★女性が男性を尊敬し、男性が女性を信頼する。

★男性性と女性性のバランスを考える。

★母親、父親、子ども、祖父母の役割を理解する。

★子育てを通じて、
家族一人ひとりが自分と向き合っていく。

第3章

家系の四大テーマを知る

第3章では、家系のテーマとしてよくみられる、四大テーマについてみていきましょう。家系図リーディングを受けた方の事例もありますので、ご自身の経験と照らし合わせながら読み進めてください。

3-1 人間関係

家系におけるテーマの一つ目は、**人間関係**です。

両親との不仲、両親から愛されていないという思いを持っている、両親同士や親族同士の仲が悪い環境で育った、両親の離婚を経験しているなどの場合が該当します。

人は無意識に、人間関係の作り方のパターンを持っており、そのパターンの雛形は、両親の人間関係の作り方と酷似しています。

私たちは、**親に育てられたように子どもを育てようとし、親から受け取りたかったものを子どもに与えようとします。**

自分の両親から愛情を受けずに育った場合、自分の子どもにどのように愛情表現をしたらいいのかがわからず、自分が望んでいない子育てをしてしまったり、こじれた夫婦関係や人間関係を作ってしまいます。

子どものことを可愛いと思えない人は、幼少期に無条件に愛されてこなかったり、自分のことを可愛いと思ってはいけないと思い込んでいることが多く、子どもを大切にしようとすればするほど、自分の中にある悲しみや怒りが湧き起こってしまいます。その結果、子どもに八つ当たりをしてしまったり、自分を責めてしまうことにつながってしまいます。

最も愛情が必要な時期である幼少期の子どもにとって、最愛の両親との関係がうまく作れなかったという体験は、潜在意識に強烈に刷り込まれてしまいます。

特に3歳から7歳は、簡単に否定的な思い込みをしてしまう時期で、ちょっとした出来事や行き違いから、「自分はこういう人間なんだ」「お母さんはこういう人なんだ」といった思い込みを持ってしまうので、非常に気を遣う時期でもあります。

親自身も完璧な存在ではありませんし、第一子を育てる時はわからないことも多く、子育てに翻弄されることもたくさんあると思います。家族関係が良好であれば、自分の両親や配偶者の両親に子育てを手助けしてもらうことによって、自分たちだけでは足りない部分を補完することができますが、家族関係が不仲だと、子育てを助けてもらうこともできず、さらに家系の不仲が進んでしまいます。

ここで、夫婦関係がうまくいかず、長年悩んでいた女性の事例をご紹介します。

【Aさん（女性）の事例】

Aさんはある男性と出会い、その優しさに惹かれて結婚しました。夫となったその男性は、自分の両親はもちろん、Aさんの両親のことも大切にしてくれる理想の男性です。本来なら優しい夫に感謝するところなのですが、Aさんは夫が自分だけではなく、周りの人を大切にしていることが、どうしても気になってしまいます。

自分を一番に優先してほしい、という想いをうまくコントロールできず、夫が彼の実家で両親と仲良く過ごすことにも、次第に不満を感じてしまうようになりました。

「妻である自分との時間をあと回しにして、なぜ彼の両親や友達とばかり過ごすのだろう」という夫への不満が徐々に募り、夫との喧嘩が増え、Aさんは夫の愛を信じることができないことに苦しむようになりました。

これにはAさんの夫も困惑し、決してAさんをおざなりにしているわけではないのに、なぜ妻はこんなにも自分を束縛しようとするのか理由がわかりませんでした。

Aさんの家系図を書いてみると、Aさんの母親もAさんと同じように、優しい夫に対して、その優しさが自分だけに向けられていないという怒りの感情をずっと抱えていたことがわかりました。

Aさんの母親は、ことあるごとに娘のAさんに対して「私は夫から愛されていない」と愚痴をこぼしていたそうです。母親のこの言葉は、無意識のうちに小さなトゲとなってAさんの心に残りました。

最終的にAさんの母親は、夫の愛を受け取ることができないまま認知症を発症し、愛されていないと思い込んでいた夫から献身的な介護を受け、10年以上にも渡る長い闘病生活の末に亡くなっています。

病を発症した母親を懸命に介護し、亡くなったあとも母親のことを想い、喪失感を抱える父親の姿を目の当たりにして、Aさんは自分の母親が大きな勘違いをしていたのではないかと、疑問を持ち始めました。

今回、家系図リーディングを受けることによって、Aさん自身も母親と同じパターンを自らの夫婦関係において再現していたことに気づきました。そして驚くべきことに、自分の祖母も、祖父との関係で同じように悩んでいたということがわかったのです。

Aさんは自分が家系のテーマを引き継いでいることに気づき、自分の寂しさは、母親や祖父母も感じていたものだったことを理解して、夫からの愛を受け取る努力を始めました。

今まで夫が実家に行くときは、絶対に一緒に行かないと駄々をこねていたのですが、徐々に一緒に行く機会を増やし、夫の両親との関係も改善されました。
　今では夫婦仲だけでなく、家系全体の人間関係も良好になっているとのことです。

Aさんの事例

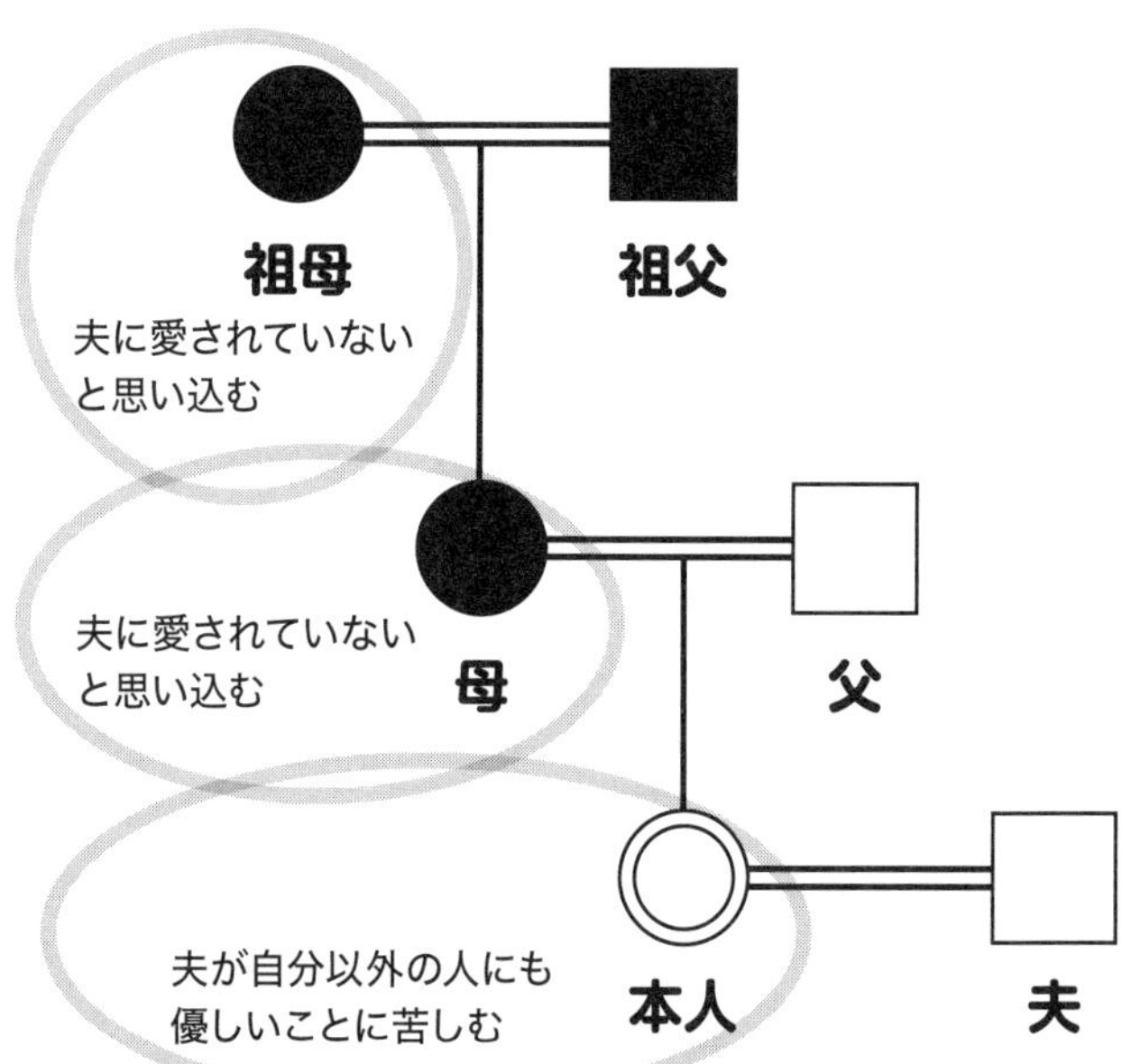

【人間関係を良好にするためのポイント】

★お互いの本音を日常的に共有すること。

★相手の大切なものを理解し、大切にすること。

★子育ての悩みは、
両親や信頼できる人に相談すること。

3-2 金銭関係

家系におけるテーマの二つ目は、**金銭関係**です。

これには、**破産、倒産、借金、貧乏など、お金に関しての問題が該当します。お金の問題が隠されている家系は、支配と服従をテーマにしており、主に男性に関する事柄が隠されています。**

金銭関係をテーマに持つ家系には、**家系内の男性になんらかの問題が生じていることが多く**、よくあるのが家系内の男性が絶対的な地位を確立しているケースです。

「男はこうあるべき。女はこうあるべき」といった、固定化された強い信念が家系の中に充満することで女性が抑圧され、男性的なエネルギーに支配されてしまいます。その結果、女性の産み育む力が発揮されず、男性は家族に対して喜びや生きがいを感じづらくなり、それらを家庭の外に求めるようになることで、不倫や浮気、金銭トラブル、暴力沙汰などに至ることがあります。

一方で、男性が自立できておらず、精神的もしくは肉体的に弱い男性が家系内に存在し、問題視されているケースもあります。

この場合、先祖に、強い男性性を持ち周囲をコントロールしていた人物がいた可能性があり、その力が陰転し（「陽転・陰転の法則」Ｐ１２６）、コントロールされる側の家系を経験するために、子孫の男性的な力が弱まっていると考えられます。

このケースの場合は、家系内にはびこる支配と服従のドラマを終えさせるために、子どもが被害者の役割を担おうとするのですが、弱い男性のことを問題視しているうちは、問題を解決することはできません。

支配している側は、それが愛情であり正論だと思っており、服従している側は、自分には力がない、相手には何を言っても無駄だと諦めているので、このドラマから抜け出すのは簡単なことではありません。

コントロールという恐れの奥にあるのは、「大切な人たちを守りたい。そのために自分は力をつけてきたのだから、それに従ってくれさえすればいい」という、うまく表現できていない男性的な愛です。

第5章でお伝えする「キーパーソン」と「バランサー」という役割の人が、支配と服従のドラマを演じていることが多いので、この二人をヒントにして、家系内に残る支配と服従のドラマを終わらせていきましょう。

また、親族間で起きやすいテーマの一つが、遺産相続にまつわるものです。

遺産相続に関するテーマの場合、資産を作るのが得意だったとしても後継者を育てることができずに、家族が崩壊してしまうパターンがあります。

他にも、代々資産家の一族の中に一見問題児のように思えるキーパーソンが生まれると、そのキーパーソンは家系内に蓄積された我慢や嫉妬、妬みなどを晴らそうとしますが、周囲の人間がその愛に気づくことができずにキーパーソンと対立すると、結果的に家系が衰退していくというパターンもあります。

親族争いが続くと、家系内に女性の我慢が続くことで男の子が生まれにくくなり、何世代か先に家が途絶えることもあるため、お金にまつわるドラマに振り回されることなく、家系内にある愛を見つけていきましょう。

【Bさん（男性）の事例】

現在、起業準備中の男性Bさんが、「借金をすることは良くない」という認識を変えたいということで、ご相談にいらっしゃいました。

借金をすることへの否定的な認識を肯定的なものに変えることができれば、経営者として先の見通しを立て、会社を成長させていくことができるのではないか。そう考えながらも、なぜか、思い切って先へと踏み出すことができずに悩んでいる様子でした。

お話を聞くと、BさんとBさんのご兄妹は、幼い頃から母親に「借金はいけない。借金をすることはだらしないことだ」と、厳しく育てられてきたそうです。

Bさんの母親は3人姉妹の末っ子でありながら、姉の借金を返済していました。ほかにも夫が作ってしまった借金を、夫に代わって返済したこともあったそうです。

そんな事情があったためか、Bさんの母親は借金に対する否定的な認識を持ち、借金をしてしまった夫に対して怒りを抱えていました。またBさんの父親は、妻であるBさんの母親から「あなたはいつも何もしていない」と言われ続け、良かれと思って何かをしたとしても難癖をつけられてしまって、家庭内に居場所がなかったようです。

一見厳しい印象のBさんの母親でしたが、実はBさんの母親は、自分の母親や叔母の介護や看取りをし、一所懸命に家族の世話をすることで、家系を守ろうとしてきた健気な人でした。

Bさんの家系図からみえてきたのは、「男性の役割を果たそうとする女性の姿」です。

Bさんの祖父（母親の父）は、Bさんの母親が物心つく前に亡くなってしまったため、Bさんの母親は自分の父親のことを知りません。

この家系では、本来Bさんの父親が担うはずの男性の役割を、Bさんの母親が担ってしまっていました。そのため、家族を守るために厳しくなり、家族が抱えてしまった借金の返済にまで奮闘していたのです。

つまり、本来女性としての生き方をするはずだった母親が、男性性を強めてしまったがゆえに、子どもを自由に育てる、相手の意見を尊重するといった女性性（母性）が、家系内に欠けてしまっていることが原因でした。

また、Bさんの妹も、母親とよく似ており、男性性も強いというフラクタル（※先祖の代に起きていたことが、同じように子孫にも現れるということ。↓Ｐ１１８）も見受けられました。

今回、家系図リーディングを受けることによって、Bさん自身も自分の中の男性性に気づき、男性としての役割を意識するように努力し始めました。

現在Bさんは、母親からの教えである「借金は良くない」という考え方を理解しながらも、その背景にあった「自分と同じような苦労を子どもたちにさせたくない」という母親の愛に気づき、母親に無意識に依存していたことを自覚することができたとのことでした。

最近では、ご自身のパートナーに自分の本音を素直に伝え、未熟な自分だが支えてほしい、君のことを大切に思っている、という思いを分かち合いながら、順調にお付き合いをしているとのことです。Bさんの意識が変化し始めたところ、Bさんの母親からBさんを信頼する言葉が少しずつ出てくるようになってきたそうです。

またBさんは、ご自身の兄や父方の伯父と会う機会を増やすなどして、Bさんの家系に流れている男性としてのエネルギーをしっかりと受け継いでいくようにしました。

最近の頼もしいＢさんの姿を見て、Ｂさんの母親も安心し、自分が頑張らなければならないという思い込みから解放されたことで、家系全体に癒しがもたらされているようです。

Bさんの事例

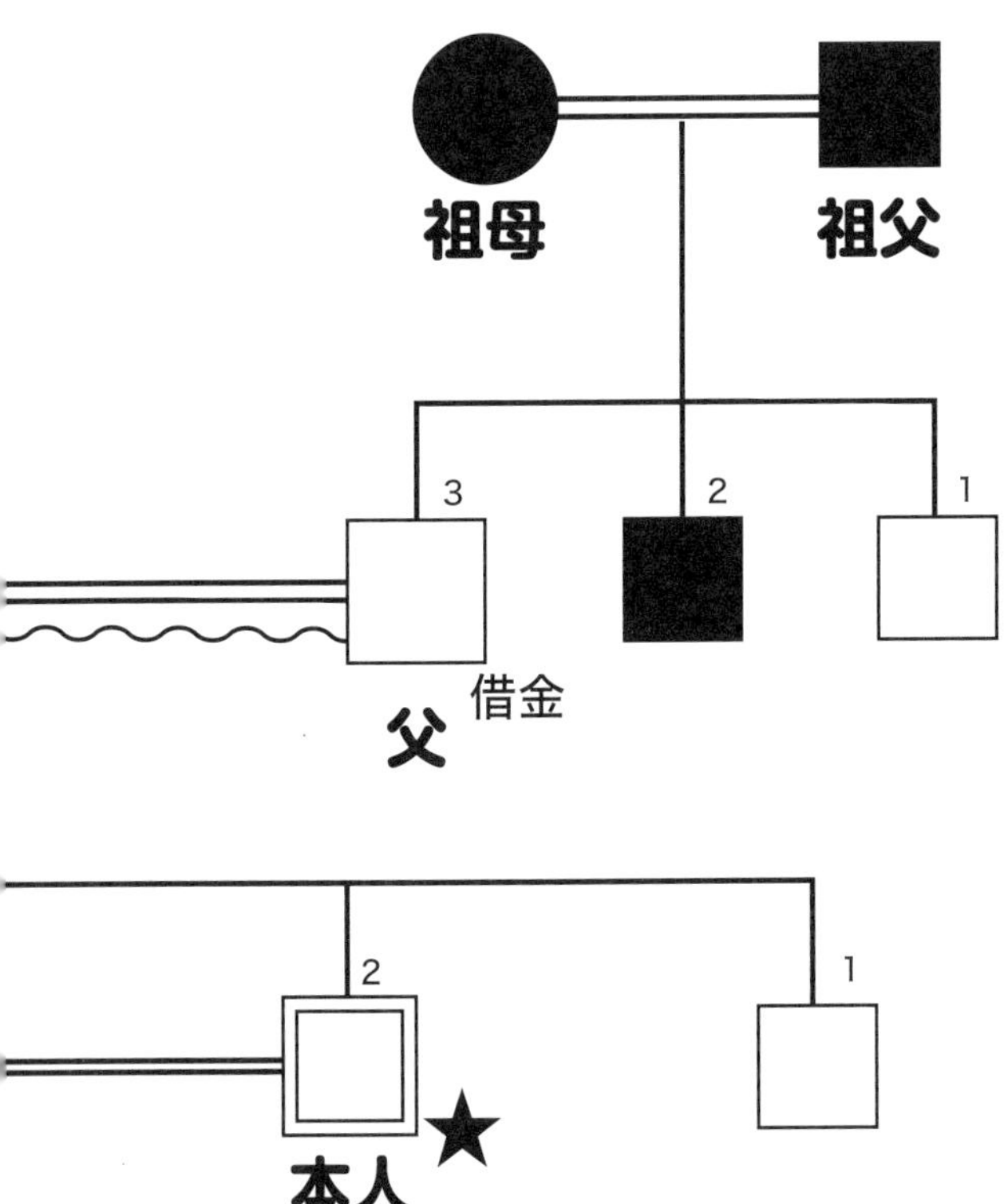

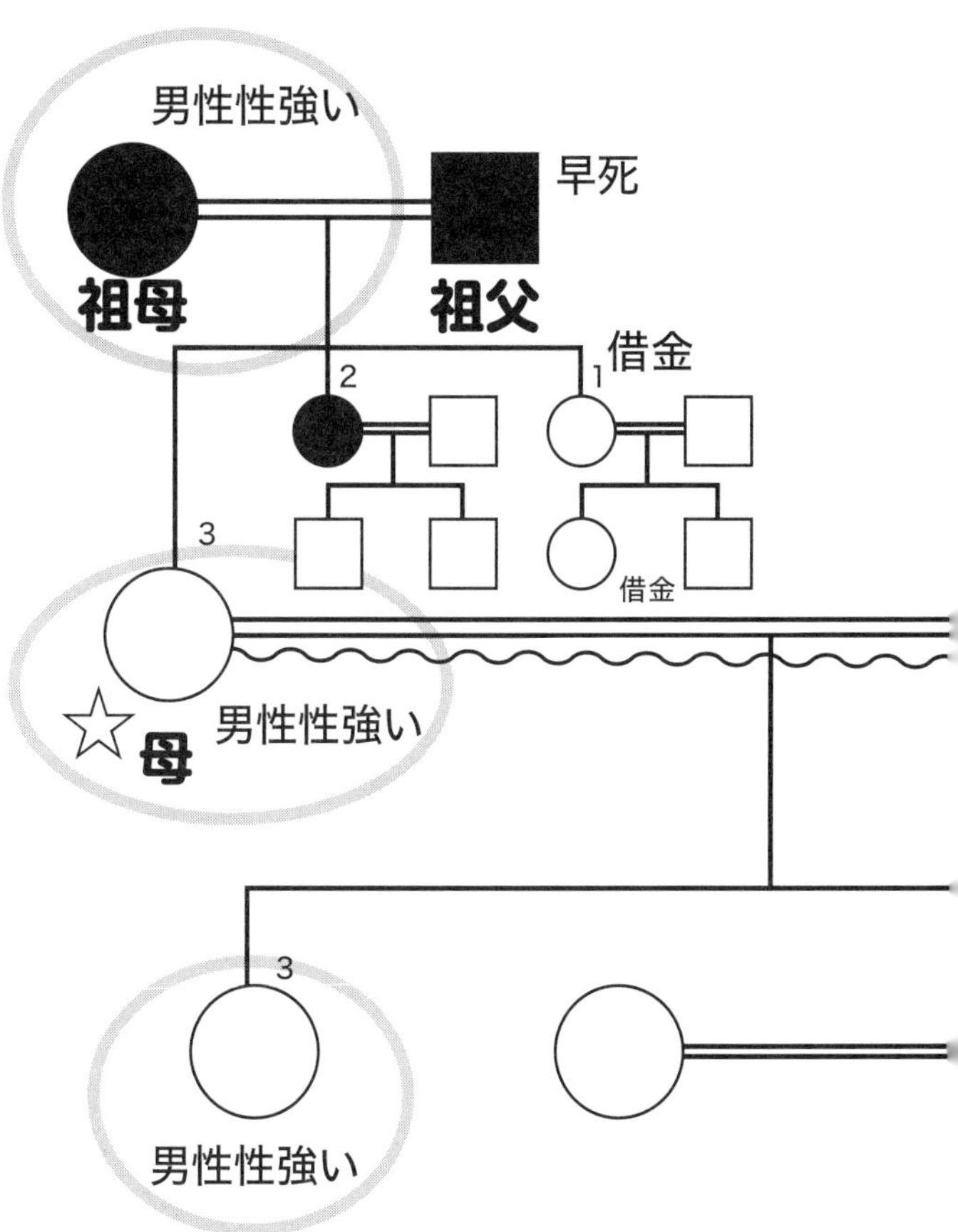
男性性強い
早死
祖母
祖父
借金
2
1
3
借金
男性性強い
☆母
3
男性性強い

【Cさん（男性）の事例】

Cさんの家系は、両親が亡くなった際に遺産相続で親族間に争いが起こりました。嫌気がさした分家のCさんは相続権を放棄し、遺産はすべて本家の長男が継ぐことになりましたが、本家ではそのあとも金銭トラブルを起こす人が続き、結局は広大な家屋敷を失い、親族同士も不仲になってしまいました。

一方で、相続権を放棄したCさんには長男と次男がいたのですが、長男が事業に失敗し、多額の借金を作ってしまいました。次男は長男の借金を返すために苦労して働き、いったんはすべての借金を返済したのですが、長男は反省する様子もなく、Cさんから受け継いだ財産を使い果たしてしまいました。

それをきっかけに長男と次男の関係は悪化してしまい、困り果てたCさんは家系図リーディングを受けにいらっしゃいました。

Ｃさんの場合、家系に支配と服従のドラマがあることがわかります。お金という力に親族が依存し、なんとかしてその恩恵を受けるために自分の利益を主張し合い、分かち合いではなく、奪い合いのエネルギーが家系内に蔓延していました。

お金は、稼ぎ方よりも使い方を学ぶことのほうが難しく、稼いだお金で豪遊をする親を見て育った子どもは、同じようにお金を使う（順行）か、そんな親を嫌って、親とは違うお金の価値観を持つ（逆行）ようになります。（※「順行」＝家系のパターンがそのまま次の世代に引き継がれること。「逆行」＝家系の逆パターンが引き継がれること。↓Ｐ１２３）

資産を作る力を持っていたとしても、後継者を育てることができるかは別の課題です。

特に後継者の育成には、男性の力ではなく女性の力が必要であり、資産を形成した先祖の夫婦仲が良かったかどうか、女性関係に問題がなかったかどうかなどを確認していきます。

もし女性問題があり、今でもそれらがフラクタルで受け継がれているのであれば、資産問題とは一見関係ないように思えても、女性の孤独や我慢を癒すということに取り組んでいきましょう。

今回のケースをみると、遺産相続に嫌気がさして相続争いから距離を取ったCさんの行動は、一見良かったように思えるのですが、実は本来はバランサーとして、親族全体の人間関係を調整する役割を担っていた可能性が高く、それらを放棄したことが長男と次男の問題につながった、という可能性も考えられます。

分家が本家を助けるという流れを断ったため、Cさんの家庭内で、長男（本家）を次男（分家）が助けるというフラクタルを経験しているという見方ができます。

この家系の流れを変えていくためには、まずは長男と次男の問題に向き合い、それらをヒントに本家と分家の関係を改善していくことが必要になります。

おそらく、本家の中にも長男と同じようなパターンを持っているキーパーソンと、それを支えながら疲弊しているバランサーが存在している可能性があるので、注意してみていきましょう。

次男（Cさんの家庭内のバランサー）と本家のバランサーがつながり、家系全体への取り組み方を考えていけば、家系の新しい未来が見えてくるかもしれません。

Cさんの事例

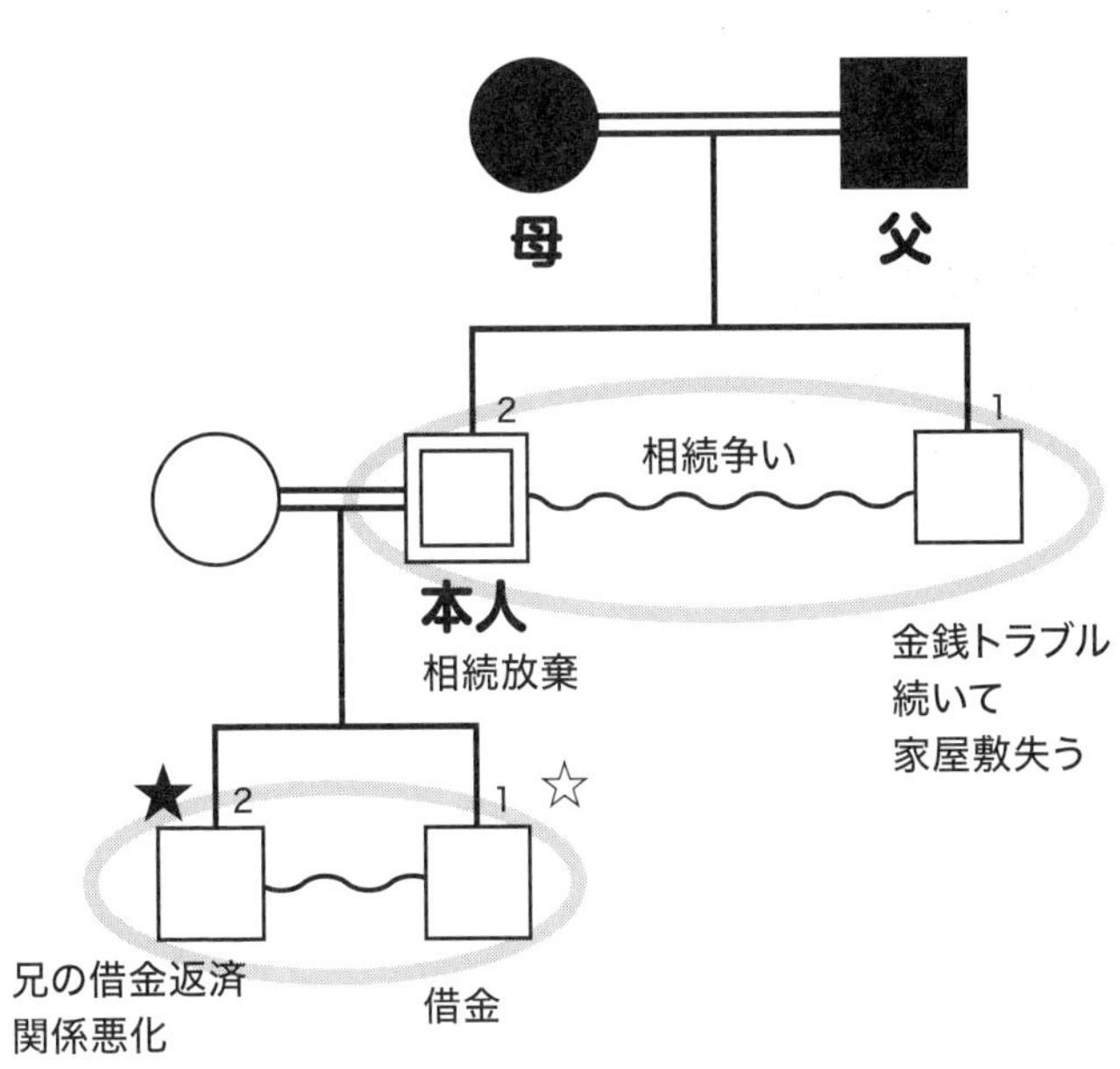

【金銭関係を良好にするためのポイント】

★不安や心配事があるときは早めに相談すること。

★お互いのこだわりを理解し合えるように、きちんと説明すること。

★男性が「自分にはできる」と思える雰囲気を家庭内に作ること。

★結果にこだわらず、挑戦したことを認め合うこと。

3-3 子ども関係

家系におけるテーマの三つ目は、**子ども関係**です。

不妊、流産、隠し子、不倫、水子、後継者問題などが該当し、子どもに関する問題があるときは、夫婦仲のトラブルが隠されている場合があります。

子どもは、家系を次の世代に引き継いでいく大切な存在であり、家系全体の集大成とも言えます。特に、跡取り（嫡男）は、昔から非常に大切にされてきた反面、親や祖父母、親族の期待を誰よりも背負い、プラスの面もマイナスの面も大きく影響を受けることになります。

子どもが生まれないというケースや、子どもが生まれていても、やんちゃすぎて手を焼いてしまうケース、もしくは、引きこもりや精神的・肉体的不調が続く場合なども、子ども関係のテーマとして扱っていきます。

本書では、**「子どもは、両親を愛するために生まれてくる」**という前提でお話を進めていきます。

子どもは純真さと無邪気さを通じて、両親の未成熟な部分や、向き合わなければならないテーマを浮き彫りにしてくれます。**子育てを通じてイライラしたり、悲しみを感じる部分は、子どもが原因なのではなく、自分自身がこれまで抑圧してきた感情と向き合う機会が与えられている、**と捉えていくことが大切です。

子どもは家族、特に両親のために、あらゆる手を尽くして愛を表現しようとします。いい子でいること、悪い子でいること、おとなしくすること、泣きじゃくることなど、様々な表情を見せることで、ピュアなトラブルメーカーを演じてくれます。

親は自分の価値観に基づいて子どもを育てようとしますが、子どもは両親の価値観を試すような事を起こして、親自身の成長に貢献しています。その為、親は子どもの言動に反応的になるのではなく、その背景にある子どもの思いや自分たちに対する愛に気づき、子どもと一緒に成長していく必要があります。

両親と子どものあいだに隠しごとがなく、対等な存在として関わり合うことができると、子どもは純粋な感性を持ったまま、大人になることができます。

一方で、親自身が本当は望んでいない価値観（親自身も自分の両親から植えつけられてきた無意識）で子育てをしている場合、子どもは「いい子」という仮面を被り、我慢することで親を愛そうとしたり、「お父さん・お母さんも、おじいちゃん・おばあちゃんの価値観から自由になっていいんだよ」というメッセージを伝えようとしているケースも少なくありません。

子ども関係のテーマを持っている家系を癒すには、夫婦仲を良くすることが一番です。

別々の家庭で育った男女がお互いに惹かれ合い、パートナーシップを育み、一つの家庭を築くことで夫婦となり、子育てを通じて、父親・母親へと成長していきます。

もし、お互いが一人の人間として自立できておらず、尊敬や、信頼し合う関係性を築けないまま子どもを授かり、子育てを始めてしまうと、父親・母親というアイデンティティが確立できないまま、子どもが子どもを育ててしまうことになってしまいます。

一昔前までは、三世代が共に暮らしていたため、祖父母のサポートを得ることで、両親だけでは足りない部分を補完することができましたが、核家族化が進んでいる現在では、その状況はさらに深刻化しており、特に女性への負担が大きくなるケースが増えています。

余談ですが、よくドラマなどで「お父さん、娘さんを僕にください」というシチュエーションがありますが、実は少しやり方を変えるだけで、その相手と結婚してもいいかどうかを見極めることができるコツがあります。

それは、**「息子の場合は父親に、娘の場合は母親に、パートナーのことを聞く」ということです。**

例えば、あなたが男性で、パートナーの両親に会いに行くのであれば、パートナーの母親に自分のパートナーのことを聞いてみましょう。また、あなたが女性であれば、パートナーの父親に、息子をどう思っているのかを聞いてみることをお勧めします。

親にとって異性の子は可愛く、どうしても良い面を見てしまう傾向があるので、同性だからこそ見えるパートナーの本質を聞くことで、より深くパートナーのことを知ることができます。

夫婦仲を良くすると言った場合、夫婦間だけでなく、それぞれの両親の夫婦関係、広義には親族全体の夫婦関係まで含みます。そのため、自分たち夫婦だけが良ければいい、親族とは付き合わないというようなことをすると、子どもにそのしわ寄せがくるケースもあるので、注意が必要です。

なぜなら、**子どもの問題というのは夫婦だけのものではなく、家系として次の世代に子孫を残していくという重要な側面を持っているからです。**

自分たちの夫婦仲が良いのに子どもに恵まれない場合は、夫もしくは妻のどちらかの両親が不仲であったり、祖父母の代になんらかのテーマが隠されている可能性もあります。まずは夫婦のあいだで隠しごとをしないことと決めて、本音のコミュニケーションを取ることから着手してみてください。

お互いに愛し合っていたとしても、本音ではどちらかが子どもを望んでいなかったり、過去に流産した経験があることを夫に言えず、妊娠・出産することを恐れていたり、実はほかに気になる人が出来てしまった、夜の営みについて本音を言えていないなど、様々なケースがあります。

本当は相手に伝えたいことがあるのに、伝えることを避けてきてしまうと、隠された秘密が夫婦の溝を深め、お互いのことを諦めている仮面夫婦が出来上がります。

本音で話をするというのは、原因探しをしたり、批判するための理由を見つけることではありません。まず、相手を理解しようとする姿勢がなければ、ちょっとしたことでも、大きな喧嘩になってしまい、毎回「なんでこうなるのか」と落胆することになります。

お互いの真意や本音を受け取り合うためには、お互いに感情的にならずに、じっくりと穏やかに対話ができるかどうかが重要で、その関係が家族の絆作りにつながっていきます。

これらの話は、「隠しごとをしてはいけない。隠しごとをするから問題が発生する」ということではありません。

もしかしたら、相手を愛するがゆえに墓場まで持っていくと決めている秘密があるかもしれません。

「**夫婦が心から信頼し合い、本音で語り合えること**」が大切なのであって、これを伝えたら相手が苦しみかねない、今は受け取れないかもしれないという思いやりから、自分の胸の中に秘めておくことが必要な場合もあります。お互いを思いやることができれば、隠しごとも愛の一つの形です。

また、子どもを必要以上に弱い存在や守るべき対象とせず、一人の自立した人間として対等に接していくことが、子どもの自立心と自尊心を育む鍵になるので、子どもだからといって嘘をついて誤魔化したり、うやむやにせず、家族の一員として一緒に考えていく家族文化を育んでください。

【Dさん（女性）の事例】

Dさんの夫は、代々受け継がれてきた家業を持つ家系の跡取り息子です。

Dさんは、「夫の両親や姉たちと、自分たち夫婦とのあいだに壁があり、夫と私だけが家族から孤立している」という思いを持っていました。

結婚と同時に、夫の実家で義理の両親や義理の姉（長女）との同居生活を始めたDさんは、結婚当初は義父母との会話も弾み、良好な関係を築いていましたが、夫が家業よりも自分の家族の将来を大切にし始めたころから、家族仲が一変します。

義父母との衝突が頻繁に起こるようになり、義姉との関係も悪化してしまったそうです。

家系図を書いてみたところ、Ｄさんの家系は嫁姑問題を何世代も引き継いでいる家系であるということがわかりました。

義母（Ｄさんの夫の母）は嫁入り当初から、姑（Ｄさんの夫の祖母）と衝突し、小姑たちも姑の味方で、いつも孤独を抱えていました。姑からは「男を産まないなら出ていけ」と言われ続け、なんとか第四子で待望の跡取り息子（Ｄさんの夫）を授かりましたが、産後も義母に対する扱いは変わらず、家庭内の空気は緊迫し、子どもたちは常に緊張状態を強いられていたそうです。

第３章では、家系における四大テーマについて触れていますが、このケースには一つ目の「人間関係」も当てはまります。

家庭内に生まれる人間関係のトラブル、跡取り問題の多くは、女性の我慢や孤独感に原因があります。

このケースでは、嫁姑たちが我慢と孤独感を重ねたことによって、本心では愛し合っているにもかかわらず、仲たがいや反発をしてしまう状況を読み解くことができました。

「夫の両親や姉たちと、自分たち夫婦とのあいだの壁を解消したい」という相談内容でしたが、その根底には、姑をはじめとする先代の嫁たちの孤独が存在し、それらが家族不和と関係しているとは、Dさんも想像していなかったそうです。

義母が自分と同じように嫁姑問題で苦しんでいたことを知ったDさんは、まず自分が義母を理解することから始めることにしました。

ずっと一人で家系の責任を背負ってきた義母の心に寄り添い、お互いの本心を話し合うことを通じて、本来仲が良かった家族関係に戻りつつあるとのことです。

また、家系図リーディングを終えた1週間後に義母の感情を追体験するような出来事が起き、義母の苦しみやその奥に隠された愛情の深さを体験したそうです。

結婚前は仲良くできていた関係も、実際に家族になると、何故か不仲になってしまう場合は、家系に流れる見えない影響を受けてしまっている可能性があるので注意して見ていきましょう。

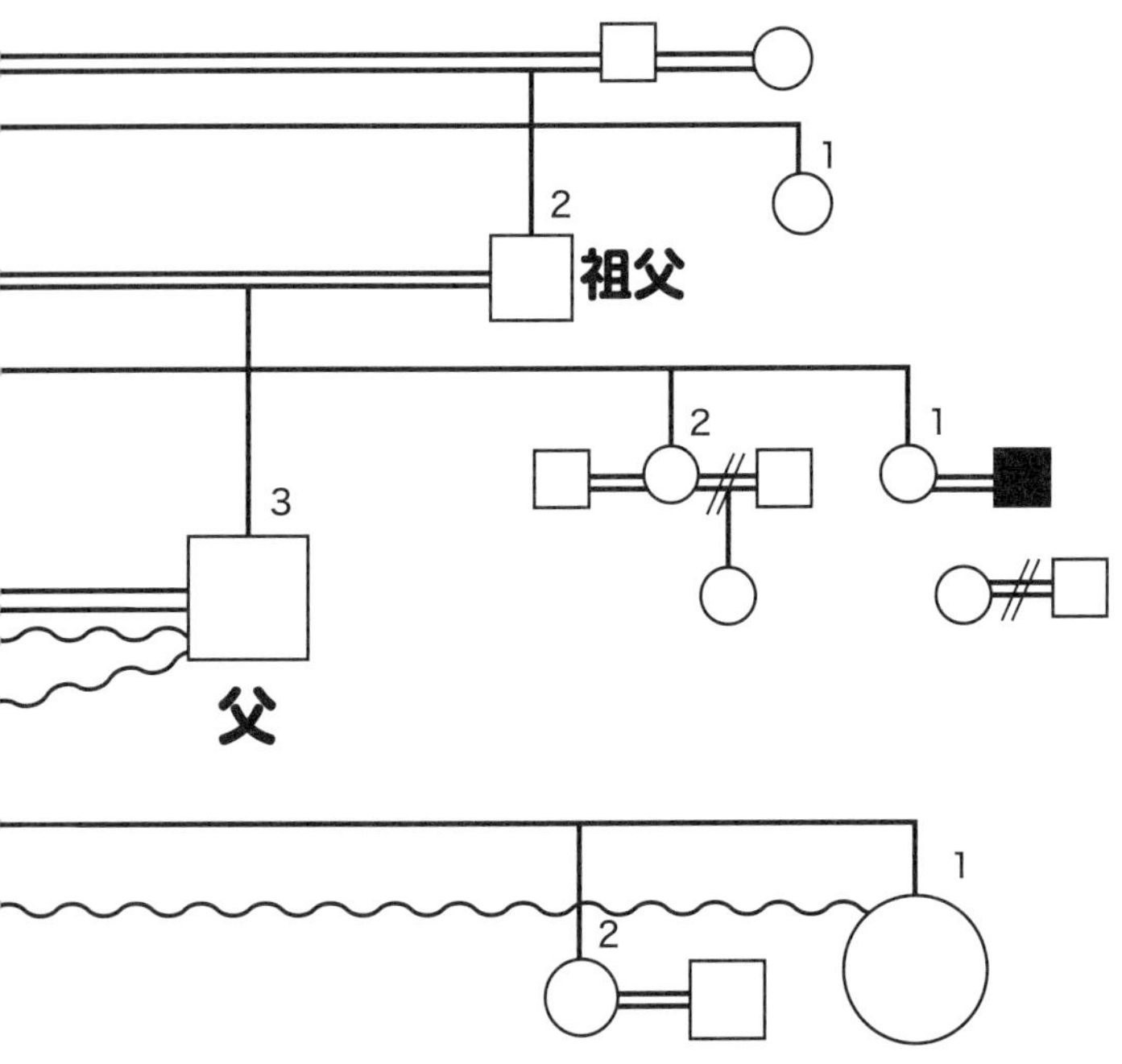
1
2
祖父
2
1
3
父
1
2

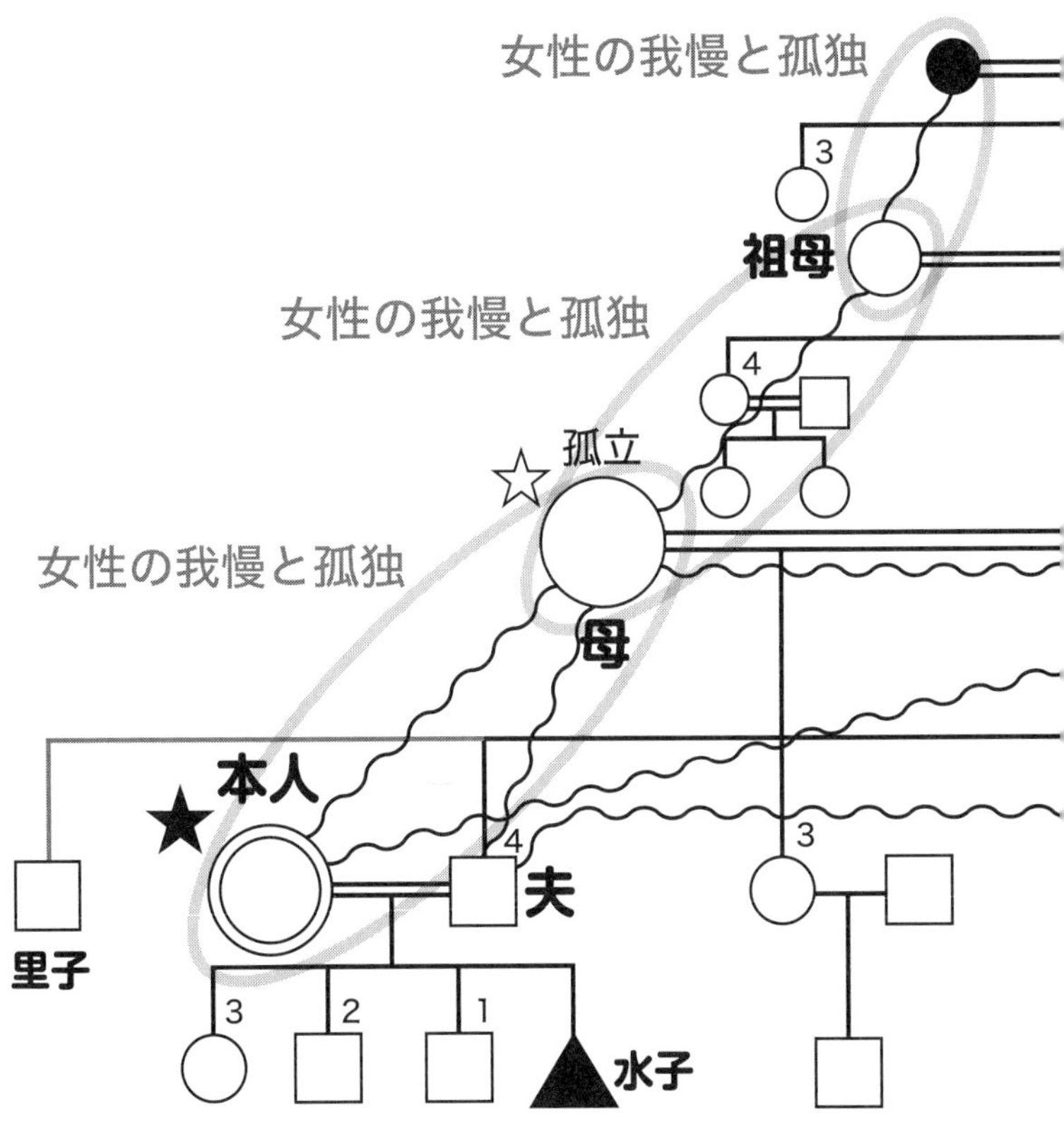
女性の我慢と孤独
3
祖母
女性の我慢と孤独
4
☆ 孤立
女性の我慢と孤独
母
本人
4
夫
3
里子
3
2
1
水子

【Eさん（女性）の事例】

Eさん夫婦には子どもがいません。

また、Eさんの姉弟夫婦にも子どもがいないことから、子どもを授からないのは家系の影響があるのではないかということで、家系図リーディングを受けることになりました。

Eさんの代から三代前にあたるEさんの祖母は、夫を婿養子として迎えますが、夫は病気で早世してしまいました。その後、祖母は夫の兄から強制的に関係を迫られてしまったことをきっかけに、夫の兄と再婚しました。先夫とのあいだに生まれたEさんの母親は、実の父親との思い出がないまま、幼い頃に他家に奉公に出されます。祖母と後夫の夫婦関係は、DVや借金などもあり不仲でした。

また、Eさんの母親も、Eさんの父親のDVや借金などが原因で離婚し、そのあと再婚した後夫との夫婦関係もやはり不仲で、良好な関係を築くことができませんでした。Eさんの母親は亡くなる前に、「私の二の舞いになるな」とメッセージをEさんに残していきました。

Eさんは、あたかも母親が完了できなかった家系のテーマが引き継がれたように感じたそうです。

Eさん夫婦の関係は、結婚当初はとても良好だったのですが、やがて喧嘩が絶えなくなりました。とうとう離婚寸前まで追い込まれてしまったのですが、そのときに、Eさんの夫が涙ながらに、「理由はわからないけれど、別れないほうがいいような気がする」とEさんに伝えたことによって、離婚の危機は免れました。

その後のEさんは、夫との喧嘩を避けるために仕事にエネルギーを傾け、夫婦関係は、表面上は良好になったのですが、Eさんは夫とのつながりを感じることができない寂しさを感じ続けていました。

今回のケースでは、女性が男性に心を許すことができない状況が見受けられました。またそれはフラクタルとして、祖母、母親へと受け継がれているため、Eさんは母親の家系の流れを強く引き継いでいることがわかります。

家系図リーディングのあと、Eさんに自分の母親について振り返ってもらったところ、Eさんは我慢していた母親の思いを受け取り、「女性は我慢しなければならない。男性のほうが女性より優位なんだ。結局、男性は女性を大切にしないんだ」といった思いが、自分の中にあることに気づいたそうです。同時に、自分の夫も母親を幼少期に亡くしており、女性への愛に飢えていることにも気づきました。

また自分の父親と祖父も兄弟が多く、母親の愛情を一身に受けることができない環境で育っている男性であった、という共通点も見つけることができました。

これらのことからEさんは、自分自身が覚えていた感情が自分のものではなく、家系のテーマであることを理解したことで、自分自身を責める気持ちが少なくなり、気持ちが楽になったそうです。

そして実は、夫も寂しさを感じていたこと、無条件に自分を愛して欲しいという思いを持っていることに気づき、自分から夫に寄り添っていくことにしました。そうすることで夫を癒すだけでなく、父親、そして祖父という家系内の男性たちに寄り添うことにもつながると感じたからです。

このように家系図からフラクタルを読み解き、具体的な行動を始めたことで、Eさんの夫婦関係にも良い変化が現れ始めました。ある企画でご夫婦に寄稿文が依頼され「夫婦二人の共同作業だ」と夫が喜んだことがあったあと、しばらく経ってから念願の子どもを授かりました。

これらのことから、家系のテーマはEさんの世代で解消され、家系に新しい流れをつくることができたようです。

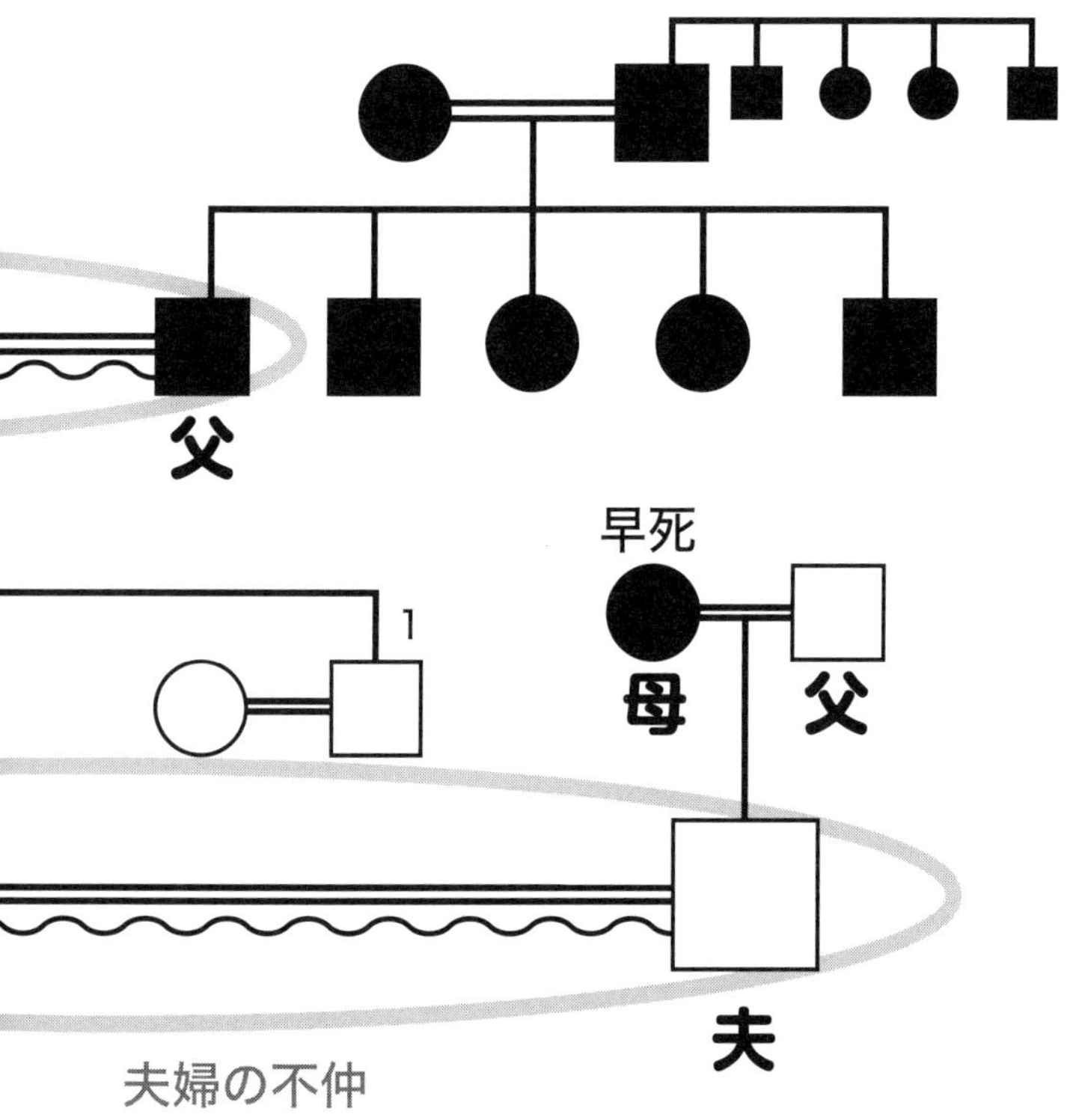
父
早死
1
母
父
夫
夫婦の不仲

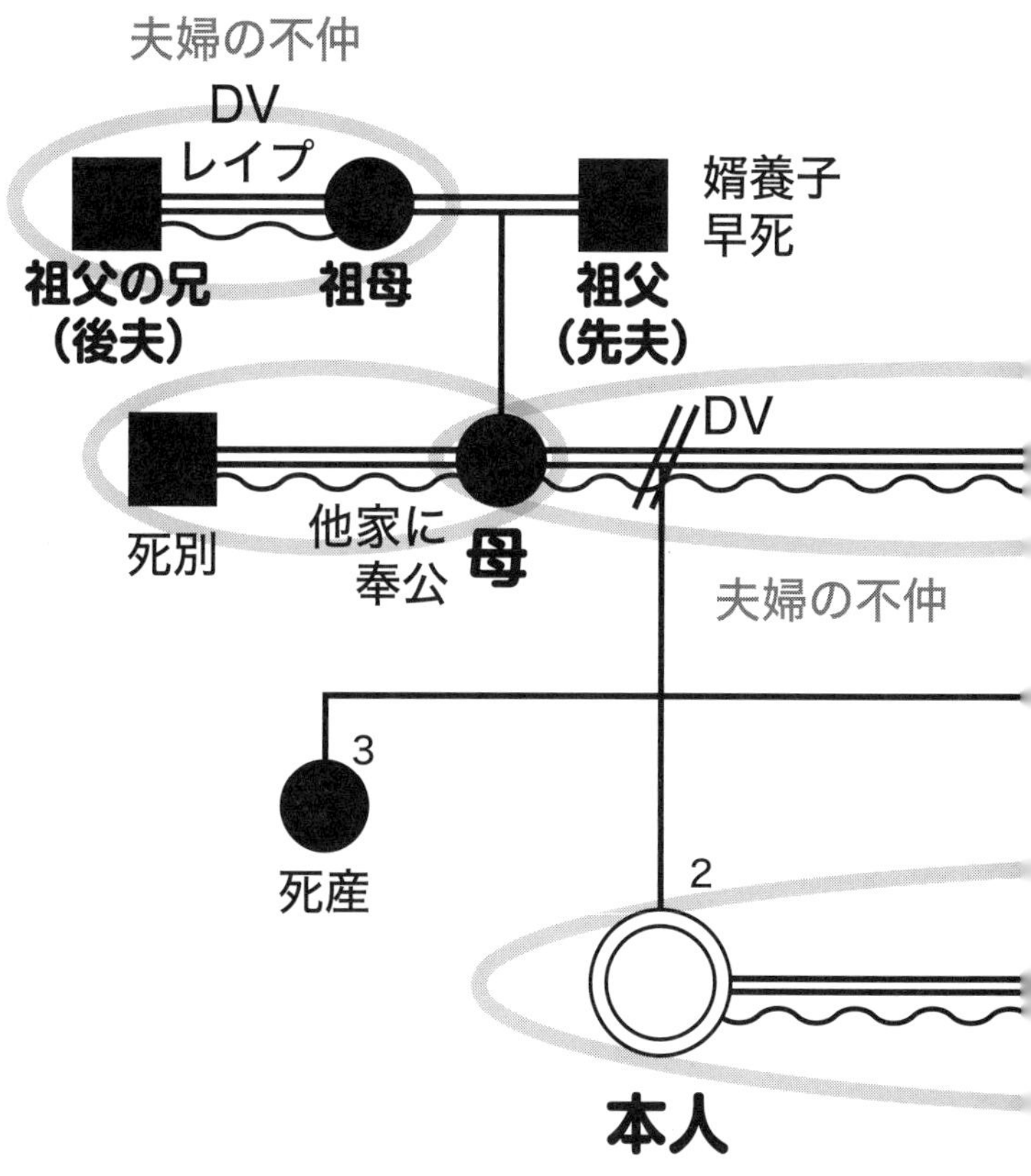
夫婦の不仲
DV
レイプ
婿養子
早死
祖父の兄
（後夫）
祖母
祖父
（先夫）
DV
死別
他家に
奉公
母
夫婦の不仲
3
死産
2
本人

【子ども関係を良好にするためのポイント】

★まず親が子どもの愛を受け取ること。

★親の価値観を押しつけずに、子どもを尊重すること。

★祖父母の協力を得ながら、三世代で子どもに接すること。

★両親も子育てを通じて成長していくこと。

3-4 健康関係

家系におけるテーマの四つ目は、**健康**です。

健康には、生活習慣や遺伝なども影響していますが、**特定の病気（がん、心臓病、脳卒中など）が家系で繰り返されている場合は、家系のテーマとして現れている可能性があります。**また、事故死、自殺、短命など、死に関する項目も該当します。

健康は、肉体的な側面、精神的な側面、霊的な側面の三つの観点から考えていきますが、家系図リーディングでは、霊的な側面を主にみていきます。

肉体的・精神的に充実しているにもかかわらず、健康状態がすぐれず、原因不明の病気が家系に続く場合は、霊的な原因があると考えることができます。

霊的な原因とは、人の念や、霊障と呼ばれる目に見えない影響を指します。

念や霊障などが健康状態に影響を及ぼすという考え方はまだ一般的ではなく、

本当にそのようなものがあるのかと考える方も多いと思いますが、どうしても完治しない病気に対しての一つの選択肢として認識していただければと思います。

必ずしも、原因不明の病気や死に関する項目のすべての原因が霊的なものであるわけではなく、霊的なアプローチを試すことによって、実際に健康状態の問題が解消されたのであれば、「そういうこともあるんだな」という程度の認識で構わないと思います。

霊的なことをすれば問題は解決する、ということを伝えたいのではなく、数ある選択肢の中の一つとして、現実で検証してみてください。

霊的な側面の滞りを解消する一番簡単な方法は、先祖供養です。

先祖がなんらかの因縁を残している場合、子孫がその事実を知らなかったとしても、その因縁が受け継がれてしまう可能性があります。

ですがそれらの事象は、数値化したり、認識したりすることができないため、霊的な要因が健康状態に現れていても、原因不明という扱いをされてしまいます。

ご自身が思う形式で構いませんので、先祖供養をしてみてください。

毎日心の中で感謝を伝える、神社にお参りに行く、お墓参りに行く、気になっている土地の掃除をする、先祖に縁のある土地やお寺、氏神様の神社に行ってみる、放置されて荒れてしまっている空き家や古い荷物を整理するなど、できることはたくさんあります。家系図を書いて先祖を思い出し、敬うことも、先祖供養につながります。

それらの行動によって、現実に変化が起きたのであれば、何か目に見えない因果が関係していたのかもしれません。

もし、お墓参りや先祖供養を行っても、何も起きない、現実が変わらないというのであれば、霊的な側面からのアプローチにこだわらず、肉体的・精神的なアプローチから取り組んでいきましょう。

【健康関係を良好にするためのポイント】

★いつも健やかに安心できる家庭を築くこと。

★ねたみや恨みを持たれない謙虚な人であること。

★先祖を敬い、感謝して日々を過ごすこと。

★陰徳を積み、子孫にも良い流れを残すこと。

第3章のまとめ

【家系の四大テーマを知る】

★人は無意識に、
人間関係の作り方のパターンを持っている。

★お金の問題には、
男性に関する事柄が隠されている。

★子どもの問題には、
夫婦仲のトラブルが隠されている。

★原因不明の病気が家系に続く場合は、
霊的な原因も考えてみる。

第4章 家系図を読み解くための法則

第4章では、家系図を読み解くための法則について学んでいきましょう。

《法則1》フラクタルの法則

家系図をみるときの、**最も基本的な法則が「フラクタルの法則」です。**

フラクタルは「相似形」と呼ばれ、「部分に全体と同様の形が現れる」という量子力学から生まれた理論です。

わかりやすく言えば、**先祖の代に起きていたことが、同じように子孫にも現れる**ということです。

家系図リーディングでは、**自分と両親の関係だけ（部分）をみるのではなく、家系全体（全体）を見渡すことで、同様の形が現れていないかを観察しながら、家系図を読み解いていきます。**

ですので、フラクタルが見えない家系は、家系のテーマというよりも個人的なテーマが課題になっていることが多いので、家系図リーディングとしては扱いません。なお血縁のない養子の場合も、家族として扱っていきます。

トラブルが続く家系をみていくと、**家系の中で繰り返されているテーマ**を見つけることができます。

親が悩んでいたテーマは、**親が解決できない場合、子どもへ、そして孫へと受け継がれていくことがあります。**

そして親自身も子どもに受け継がせて終わりではなく、自分が解決できなかったテーマを、今度は親という立場から子どもを通じて向き合うことになります。

この繰り返されているテーマのことを「フラクタル」と呼んでいますが、家系図リーディングでは、**三世代に渡って続くフラクタルがある場合、家系のテーマとして扱います。**

例えば、三世代に渡って水子がいたり、同じような病気を患う親族がいる場合などです。また、性格的な側面や職業などもフラクタルとして現れる可能性があるので、家系全体を俯瞰しながら、フラクタルを探していきましょう。

なぜ家系内にフラクタルが起きるのかという理由に関しては、家系内の文化や伝統が人格や性格に反映されるという側面と、人は自分がそうされたように人に接するため、家系内にパターーン化された人との接し方が受け継がれるという側面があります。

また、これはあくまで推測ですが、私たちは自分が学びたいテーマを経験するために、ベストな家族（親や先祖）を選んで生まれてくるという側面もあるようです。

同じテーマを経験したい者同士が集い、一つの家系（家族）という形を通じて、お互いに必要な経験を与え合う関係になっているのかもしれません。

しかし、第1章でもお伝えしたように、私たちが直面するすべての問題が、必ずしも家系の問題とは限りません。

例えば、両親が離婚していても、幸せに家庭を築いている家族もたくさんいますし、その逆で、両親の仲が良くても、うまく家庭を築くことができない家族も存在します。

家系全体も仲が良く、自分と両親の関係も良好なのに、夫婦の不仲や離婚を経験している場合は、家系のテーマというよりも個人のテーマである可能性が高いと考えるのが自然です。

得てして人は、**自分以外の何かに原因を求めたくなる習性**があります。

本書を読み進めるにあたっては、誰かのせいにするのではなく、自分の人生と家系に対する責任を持つ姿勢がなければ、いくら家系のテーマに気づいたとしても、家系のパターンを繰り返してしまったり、新たなテーマを生み出してしまう可能性があります。

本書では、今の科学では説明できないものやスピリチュアル的な要素も含まれていますが、一貫してお伝えしたいことは、**目に見えない世界の答え合わせは、目に見える世界で行う**ことの大切さです。

すべての事象を、目に見えない世界だけで扱うことはできません。家系図リーディングをはじめとする精神的な領域を探求しながらも、地に足をつけて生きていくことを忘れないでください。

《法則2》順行・逆行の法則

家系のテーマには、**「順行」**と**「逆行」**という二つのパターンがあります。

「順行」とは、家系のパターンがそのまま次の世代に引き継がれているケースで、「逆行」とは、家系のパターンが逆に引き継がれているケースです。

順行と逆行を読み解くことが、家系図をみていく上で一つの鍵になります。

例えば、あなたの両親が自分の親（あなたからみて祖父や祖母）に溺愛されて育った場合、順行であれば、あなたの両親も同じようにあなたのことを溺愛します。また、両親とあなたの関係も順行であれば、あなた自身も自分の子どものことを溺愛するようになります。

一方で、両親とあなたの関係が逆行の場合、親の溺愛を窮屈に感じるようになり、「自分の子どもが生まれたら、その子の人生は自分で選択させたい」という思いから、溺愛とは逆の放任や自由主義になります。その親の思いが子どもに伝われば、子どもは自由に選択させてくれた親に感謝し、自分の子どもにも、自由に選択させるようになります（順行）。

しかし、思いがうまく伝わらなかった場合、「親は自分に何もしてくれなかった。もっと愛されたかった、気にかけてほしかった」というように逆行し、自分の子どもがその子ども（あなたからみて孫）に対して溺愛するという、両親や祖父母と同じパターンになります。

この順行と逆行の繰り返しが、家系の中に隠された愛の物語を探すヒントになります。

順行・逆行はどちらが良いということはなく、家系によってパターンが違うので、自分の家系ではどのような流れがあるのかを確認してみましょう。

順行・逆行の法則

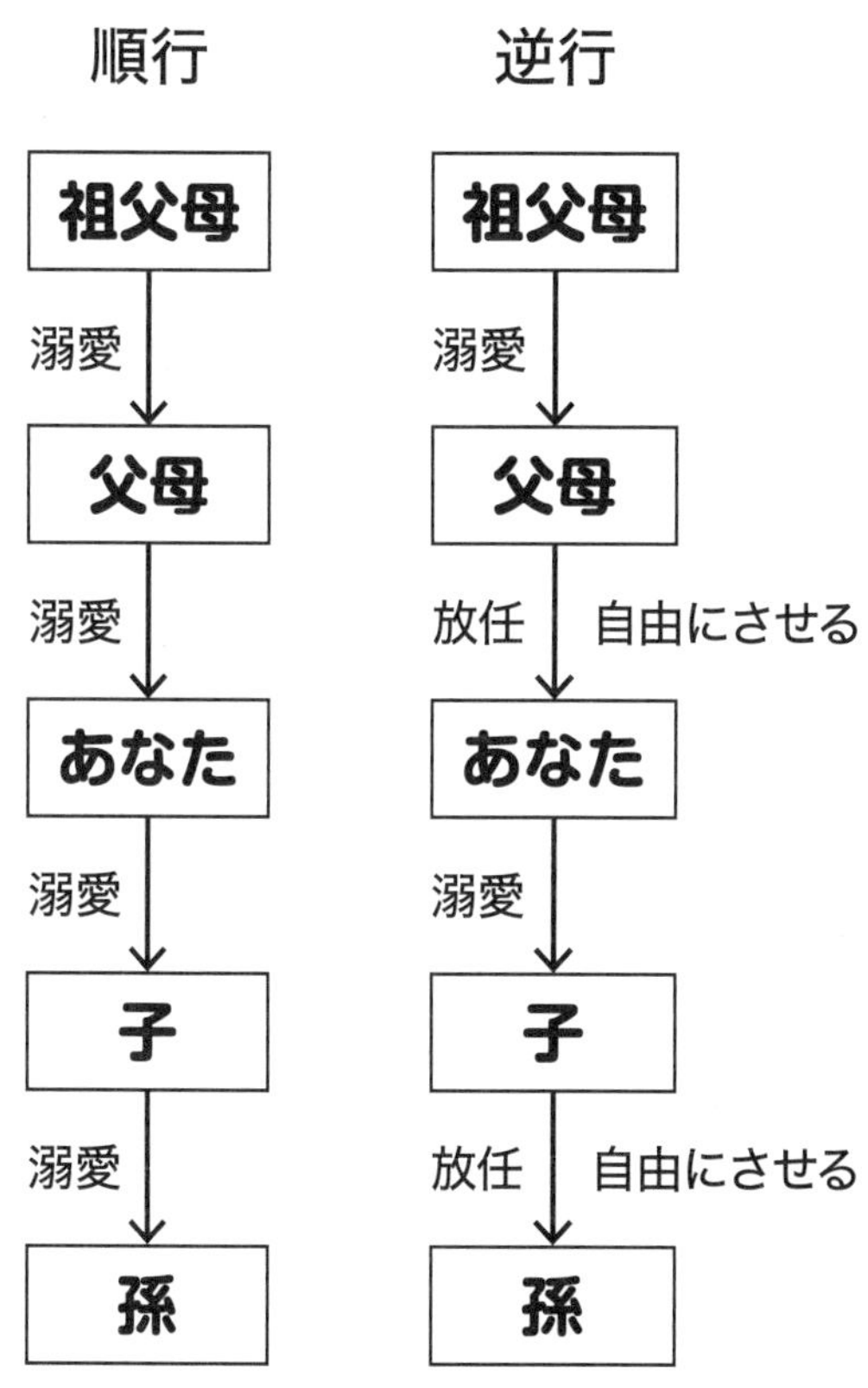
順行
祖父母
溺愛
父母
溺愛
あなた
溺愛
子
溺愛
孫
逆行
祖父母
溺愛
父母
放任
自由にさせる
あなた
溺愛
子
放任
自由にさせる
孫

《法則3》陽転・陰転の法則

女性が家系の中で虐げられ、我慢をしたり、孤独を感じている場合、子どもは母親の感情を敏感に受け取り、無意識（もしくは意識的）に母親を守るために反発しようとします。

ここで扱う法則が、**「陽転・陰転の法則」**です。

例えば、父親が母親を抑圧している家庭の子どもを例に考えていきましょう。

息子の場合、母親を守るために、父親や社会に対して反発し、力を手に入れようとします。「自分が弱かったから母親を守れなかったんだ。自分が強くならなければいけない」という思いを持ち、力を求めるようになります。

そして、成長と共に身につけた力に振り回されることなく、母親を守り、将来のパートナーとなる女性のことも守ることができれば「陽転」です。

ですが、力に溺れ、本来弱者を守りたいと思っていた思いが、傲慢さや自己顕示欲にのまれてしまうと、力によって地位を得ることや、他者をコントロールすることに快感を覚えてしまいます。そうすると、自分の母親を傷つけていた存在と同じようなことをしてしまうパターンに陥ってしまうことがあり、これが「陰転」です。

まとめると、**家系における望まない状況に対して、状況を良い方向に変えることができれば「陽転」。**

状況を良くしようとしたけれど、うまくいかなかった場合が「陰転」です。

順行・逆行と混同しそうになるかもしれませんが、

陽転・陰転の法則

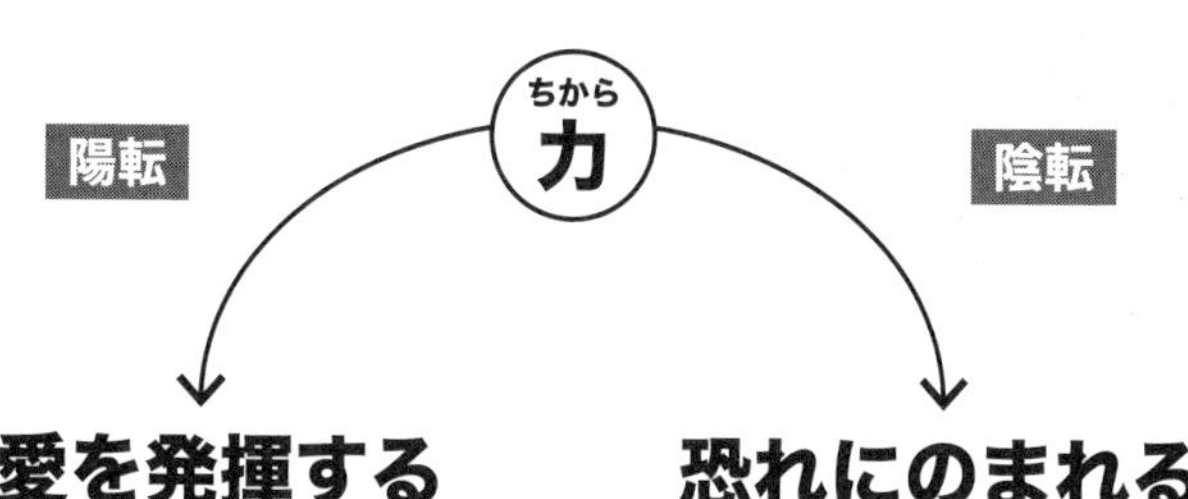

愛を発揮する

母親を守る
パートナーも守る
例：スター・ウォーズの
　ジェダイの騎士

恐れにのまれる

力で地位を得る
他者をコントロールする
例：スター・ウォーズの
　ダース・ベイダー

順行・逆行は家系の流れであり、陽転・陰転は個人の変化を示しています。

ちなみに、「女性（母親）を大切にしない男性（父親）は最悪だ。絶対に自分はそうならない」と心に誓った息子が、なぜか好きになるのは母親に似た弱い女性です。

そのような女性を大切にすることで母親を大切にすることにつながるケース（陽転）や、弱い女性にイライラしながらもなぜか気になってしまうケース（陰転）などがあります。

次に、父親に大切にされなかった母親を見てきた娘の場合をみていきましょう。陰転の場合、「男性は怖い。私（女性＝母親）は力がないんだ」と思い込むようになり、男性から攻撃されないようにうまく取り繕うパターンや、異性に依存することで自分を守ろうとするパターンなどの関係を築いていきます。

このような女性は、本来避けたいはずの自分をコントロールしようとする支配的な男性を選んでしまうことが少なくありません。

これは心のどこかで「男性を守りたい。力でしか愛情を表現できない人を救いたい」という母性があるからです。

別のパターンとして、「母親のようにはなりたくない。私は自立して男性に頼らずに生きよう」と独立心が強くなり、「完璧にできる私」「頑張った私」を認めてくれる人を必要とするので、依存タイプの男性を引き寄せてしまいます。

また、男性に対して過度なライバル視をしてしまったり、男性は私のことなんて愛してくれない、もしくは、自分の望む（自分を守ってくれる）男性なんていない、という思い込みから、独身を続けてしまうことも少なくありません。

パターンの違いはありますが、成長した今でも、父親と母親の男女の仲がうまくいかないというドラマを生き続けているのです。

陽転の場合は、苦しんでいる母親に寄り添いながらも、同時に父親が抱えている寂しさや自信のなさを見抜き、不器用な父親の愛を受け取っていきます。

子どもが両親のつなぎ役や通訳となることで、父親は力や権威以外での愛情表現の方法を知り、徐々に家族に対する接し方を見直すようになります。

また大人になると、一方的に虐げられているようにみえていた母親も、一生懸命に父親を愛そうとしていたと分かることがあります。女性の愛はどこまでも深く、大切な人を包み込んでいるのです。

私たちは母親の影響を大きく受けて、人格を形成していきます。

そのため、**母親が幸せではない家系においては、人間関係における問題が多発してしまう傾向があります。**

あなたの家系に人間関係のテーマがあるのであれば、まずは**「我慢をしていたり、孤独を感じている女性の話を聞くこと」から始めてみてください。**

話を聞くというのは、相手の気持ちを受け入れ、理解しようとすることです。自分の主張や考えと違っていたとしても、否定や解釈をはさまず、まず相手を理解し受け入れることが、家系内の女性の癒しへとつながっていきます。

もし、あなた自身がそのような立場にある女性であれば、まずは自分の本音や孤独を安心して打ち明けられる人を、一人でもいいので見つけてください。

女性は悲しみや孤独を癒す力を持っています。

他人とつながり、お互いに助け合うことで、コミュニティを育む力を持っている女性の役割がうまく機能している家系であれば、家系全体に円滑な情報と感情の循環を生み出すことができます。

もしあなたが、「私は母親に愛されていなかった。だから、自分も子どもを愛せない」と思っているのであれば、あなたの母親も、あなたと同じような気持ちを経験したのかもしれません。

大人になった今だからこそ、まずは母親の話を聞き、気持ちを受け入れることに取り組んでみてはどうでしょうか。

幸せな家系は、女性の幸せから始まります。

コラム

女性の孤独が家系に与える影響と女性の役割

人間関係をテーマに持つ家系の多くには、**「女性の孤独」**が隠されています。女性が我慢していることで成り立っている家系や、女性の立場が追いやられている家系には、人間関係のトラブルが絶えません。

家系の繁栄は男性ではなく、実は女性にかかっており、**女性が幸せになると、家系に運気が巡ってきます。**

なぜかと言うと、家系を受け継いでいく子どもは母親から生まれ、人格形成に最も影響を与える幼少期に、そのほとんどの時間を一緒に過ごすのも母親だからです。

よく、嫁姑問題が取り上げられますが、これもこれまで家系を守ってきた姑が、本当にこの嫁に自分の家系を任せることができるのかを、意識的にも無意識にもチェックしていることから生じる通過儀礼です。また嫁姑問題には、嫁と姑の関係だけでなく、夫が母親（姑）への依存を絶ち、妻を誰よりも愛し守ることによって、親から真の自立をするという要素も含まれています。

体内に命を宿し、次の世代に引き継いでいくことができるのは女性であり、男性優位に見える家系も、実は女性を中心に回っていることが少なくありません。

ですから、女性が慎ましくも実質的に力を持っている家系のほうが、長期的に繁栄していく家系であると言えます。

女性の素晴らしさは「産み育てる」という点にもあります。

それは単に、子どもを産んで育てるということだけではなく、女性が自分の夫を育て、社会的にも出世させることができるということです。

そのためには、**夫を信頼し、頼る**ことが大切です。

男性は頼られることや、誰かに必要とされることに喜びを感じる本能を持っており、女性が夫を立てながらも上手に甘え、一方では献身的に支え、どんな状態の夫も受け入れることができれば、夫の男性としての力が育まれ、どんどん活躍していきます。

よく「うちの旦那は頼りない」「全然私の話を聞いてくれない」「何を考えているかわからない」と女性の方々は言われますが、それは結婚前も結婚してからも、**旦那様をいい男（自分好みの男）に育てようという気があなたになかったから**ですよと、お伝えしています。

男性は女性によって育てられます。

幼少期は母親、そして成人してからはパートナーである女性によってです。

女性の育む力が家系全体の安定と繁栄につながり、女性に育てられた男性が結果を出すのが安定した家系の秘訣です。

母親が安心できている環境で育った子どもは、常に愛を感じながら、のびのびと成長することができます。ですが、母親が安心できずに、物心共に満たされていない場合は、無条件の愛を与えたり、受け取ることが難しくなります。

男性の真の役割とは、外で仕事をし、稼いでくることではなく、内（家系）を守ってくれている女性に感謝し、信頼に応えることです。

男性がこのような姿勢でいることを忘れなければ、女性は男性を尊敬し、支え続けてくれる存在となってくれます。

《法則４》 陰陽の法則

家系内で問題と思われている出来事は、**直接的に関わっている人たちだけで成り立っているのではなく、それらを問題視、客観視している人たちとも大きく関係しています。**

先出の「精神的もしくは肉体的に弱い男性が家系に存在しているケース（第３章「金銭関係」Ｐ79）」であれば、**弱い男性だけが問題なのではなく、それを問題視している家族や周囲の人も含めてのテーマになっています。**

仮に弱い男性が家系に存在していたとしても、そのことを問題視する人がおらず、家系の中でサポートし合っているのであれば、問題として扱われることはありません。**問題視している人がいて、初めて「問題」となります。**

どちらが正しい、間違っているという限定的な見方ではなく、お互いの立場を理解しようとする姿勢がなければ、いつまでも同じテーマが繰り返されてしまいます。これが、**「陰陽の法則」**です。

金銭関係をテーマ（第3章「金銭関係」P78）に持っている家系の場合、男性に対して相当なプレッシャーがかかっていることが多いので、その重圧を軽くすることによって良い方に向かう傾向があります。周囲に頼れない、弱い自分をさらけ出すことができないという男性特有の想いが、お金という力と連動し、マイナスの方向に進んでしまっているのです。

また、このようなプレッシャーから表には出せない問題（浮気、借金、健康や仕事関係など様々）を抱えているケースもあります。

例えば、「知らないうちに旦那が借金をしていた」というケースを法則的にみると、「女性（妻）に頼れず、自分一人で抱え込んでいる苦しみが限界に達し、いずれバレるとわかっていながらも、借金という形を通じて自分を表現している」とみることができます。

だからこそ「あなたの問題だから、あなたが解決してよね！」「本当にダメな人、私がなんとかしないと」ではなく、**なぜその状況が起きて、心の奥ではどんなことを感じているのかを理解し合うことが大切です。**

そうでないと、何度反省しても、また同じことを繰り返してしまうからです。

男性が真の男として自立するためには、どんな状況の男性でも信頼し、支えていく女性の存在が必要になってきます。

男性はまず母親を愛し、母親から愛されることを通じて自立し、その次にパートナーを愛し、愛されることで一人前になっていきます。

男性優位の家系の場合、女性が本来の役割を発揮できずにいるため、「力のある男性と力を抑えられている女性」などのケースや、「自分に自信がなく弱い男性と、その男性を育てることができない女性」などのケースにつながっていきます。

バランスを取り合う陰陽の法則に基づき、問題のように見える出来事と、その出来事に関連する人間関係の全体を俯瞰することによって、家系のテーマを解消していきましょう。

《法則5》男女継承の法則

家系図をみる際、**長男は祖父、次男は父親、三男は曾祖父、長女は祖母、次女は母親、三女は曾祖母の影響を受けるという考え方があります。**

また、**男の子は父方、女の子は母方の影響を強く受け、一人息子の場合は父親、一人娘の場合は母親の影響を受けます。**

四男四女以降は、家系のテーマというよりも、個人のテーマに基づいて自由に生きる傾向があります。

これが**「男女継承の法則」**ですが、「順行・逆行の法則」、「陽転・陰転の法則」があるため一概には言えませんので、各家系でみていく必要があります。

自分の子どもと自分の両親・祖父母を照らし合わせてみたときに、「この子はおじいちゃんに似ているな、この子は母親に似ているな」という傾向をつかむことができれば、家系のテーマに気づきやすくなるかもしれません。

う。

《法則6》役割継承の法則

「男女継承の法則」に加えて、「役割継承の法則」について説明していきましょう。

性別ごとに家系のテーマを受け継ぐ「男女継承の法則」のほかに、生まれる順番によって、役割を継承する「役割継承の法則」も存在します。

第一子は、家系全体を導く役割を担い、自由奔放だけれど責任感が強い子どもが生まれてくる傾向があります。第一子は、主に父親との関係から忍耐と主体性を学び、人を導く存在として成長していきます。

両親にとって初めての子どもで、祖父母にとっても初孫になることが多いため、祖父母や両親の意識が集中し、子どもは無意識に期待に応えようとします。そのプレッシャーに耐えることができるかどうかは、父親との関係が良好かどうかに影響されるようです。

第一子は、どうすれば親に喜んでもらえるのかを常に考えているため、潜在的に、いつも愛情を求めることになり、大人になっても、愛されたい、認められたいという感情や、独占欲が強いという面を持ち合わせています。

責任感が強く、誰かに認めてもらうことに喜びを感じる反面、否定をされたり理解してもらえないと落ち込んでしまうという打たれ弱い部分もあります。

幼少期に自分の弟や妹と接することで、自分が一番でなくても周りに喜んでもらいたいという貢献心を養うことができれば、本来持っている自由奔放さを活かした上で、責任を取れる人格が育まれ良きリーダーになることができます。

第二子は、家族を導く役割を担い、第一子が持っていない特性を持ち合わせて生まれてくる傾向があります。第一子がおとなしい性質の場合、第二子は目立つ存在となり、第一子が行動的で目立つ性質の場合、第二子は控えめな努力家として、家族を導いていきます。第二子は、主に母親との関係から、一人の人間としての存在意義や人間関係の作り方を学びながら自立していきます。第一子の経験から、両親も子育てに余裕が出来るため、比較的ゆるやかな子育てができるようになりますが、第一子を立てて育てるのか、それとも第二子が可愛い、第三子や末っ子が可愛いという思いから、第一子への関わり方が希薄になるのかで、兄弟関係のバランスが変わってきます。

本来、第一子を支え、家族全体のバランスを取るために生まれてきたはずの第二子が第一子と対立してしまうと、その関係が家系全体の関係性にも影響を及ぼします。

第二子は母親の影響を受けやすいため、関係性の作り方を幼少期に学び、自己主張しながらも相手を尊重できるコミュニケーション力を身につけることができれば、社会においても家族内においても、バランスを取れる良きマネージャーとなるでしょう。

第三子は、独特な感性や創造性を持っている場合が多く、ある意味イレギュラーな存在になる傾向があります。第一子・第二子を成長・自立させるような刺激を与え、ときに問題児、ときに優等生など、変幻自在にその役割を果たします。第三子は主に祖父母から影響を受け、家族全体のバランスを取るために、家系内の悲しみや葛藤の癒やし方を学んでいきます。

第四子以降は、それまでに生まれているきょうだいたちが持っていない部分を担う役割を果たします。

一人っ子の場合は、第一子〜第三子までのすべての役割を一人で担うことになります。個性的で自分の世界を生きていく子に育つか、家系の責任を引き受け、いわゆるいい子として振る舞う子に育っていきます。

また、**第一子がなんらかの理由で役割を全うできない場合、役割の交換が行われ、第二子や第三子が第一子としての役割を果たす場合もあります。**

最近は一人っ子が増えているため、子ども一人当たりの役割の大きさが増していますが、従兄弟などの親戚同士でもサポートし合うことができるので、親族の関係を良好にしていくことも、自分の家族に良き流れを呼び込む方法の一つです。

コラム

色事のある家系の特徴

不倫や浮気など、色情問題が続く家系は、何世代か前に良家であったり、お金を持っていた場合が多く、そのときに大切にされなかった女性の悲しみが受け継がれ、フラクタルとして現代に現れていることがあります。

特に女性が慢性的に我慢し、自分の感情や行動を抑圧していたり、男性に対して信頼や尊敬の気持ちが持てない場合は、女性が自分自身の価値を認めることができず、子どもが出来づらくなっているケースがあります。

我慢をする癖がついている人は、幼い頃に「これはダメ。あれにしなさい」などと言われ続けたことで、自分の感情にフタをして、自分で何かを選ぶことができないようになってしまったことが原因だと考えられます。

ですが、幼少期は自分よりも強い親に対して反抗できなかったとしても、大人になるにつれて反抗期を迎えます。

両親との関係が良好であれば、反抗期がなかったり、可愛さのある反抗で収まりますが、怒りや不信が蓄積されていると、これまでの反発で手に負えないほどの反抗期を迎えることになります。

本来反抗期というのは、自分の中にあるエネルギーや自我が強くなり、外に発散したいという気持ちと、社会のルールや親の言うことを守らなければいけないという気持ちの葛藤を経験する時期です。この時期は、自分の感情に素直になりながらも、相手のことを思いやるという力を身につけることが大切です。

「自分も相手も大切にする」というバランス感覚を身につけることができなければ、自分の感情を抑えることができずに攻撃的になるか、自分の感情を抑え続けて、自己表現や人間関係が苦手な子どもになってしまう恐れがあります。

このように過度な解放や抑圧が身についてしまった子どもたちは、自分で自分を認めることができないので、自分には価値がないと思うようになり、「認めてほしい。わかってほしい」という依存した状態から抜け出すことができません。

本音では甘えたいという欲求を隠し持ちながらも、「どうせ私は愛されていない。誰も助けてくれない」という思い込みと矛盾の中で生きるようになってしまうのです。

また、母親が家庭の中で我慢している姿を見てきた女性は、「女性は我慢をしなければならない」というイメージが刷り込まれ、「女性（母親）は男性（父親）の言うことを聞かなければならない」「子どものために我慢しなければならない」「子どもができること＝不自由になること」など、女性としての自分を無意識に否定・拒絶してしまうことがあります。「母親のようにはなりたくない」と思っていると、「母親になりたくない」という思いにつながる可能性もあります。

同じように、母親が父親を尊敬できない場合も、「父親（男性）は嫌い。頼りにならない。高圧的だ」などのイメージを持っていると、男性と接したくない、接するのが怖いという気持ちが湧いてきてしまいます。

これまでの話から、夫婦仲がこれほどまで家系に対して大きな影響を与えることをご理解いただけたと思います。家系全体のことを考えながらも、まずは、ご自身とパートナーとの関係から見つめ直していただければ幸いです。

《法則7》陰徳・因縁の法則

家系図リーディングを通じてわかったことですが、**先祖が善行を行っている場合、その徳が子孫に受け継がれるようです。これが「陰徳」です。**

陰徳が貯まっている家系は、いつも穏やかで家系全体も自然と繁栄していきます。

ただし、子孫が先祖の徳を使い果たすと、家系が衰退し始める傾向があるため、今を生きる私たちも常に善行を行い、自分の家系だけでなく、地域や社会、未来のことまで考えた生き方をしていくことが大切です。

繁栄していた家系が衰退しそうなとき、家系に新しい流れを作る子どもや嫁が現れることがあります。

このとき、今までの家系の文化や伝統とは違う流れを作ろうとする人を否定・批判せずに、これまで受け継いできたものを大切にしながらも、新しいことにも取り組んでいく家系全体の雰囲気を作ることができれば、家系内に良い流れが生まれます。

また善行とは逆のパターンで、**先祖が行っていた悪行の縁も、知らず知らずのうちに子孫に受け継がれてしまいます。これが「因縁」です。**

例えば、先祖が人を裏切るような行為をしていたら子孫が人に裏切られる、お金のトラブルがあったら子孫も同じようなお金のトラブルに巻き込まれる、などの直接的なケースと、一見関係ないようなケース（お金の問題が健康の問題として浮上したり、人間関係の問題が子どもの問題として現れるなど）があります。

「陰徳・因縁の法則」は、その思いが強ければ強いほど、時間や空間を超えて受け継がれていくようです。悪影響を与えるものもあれば、先祖の善行による恩恵を無自覚なまま受けているということもあります。

どんな思いが、何に対して、どのように作用しているのかという因果関係は、科学的には解明されていませんが、「私たちはご先祖様に守られているのかもしれない。もしそうだとしたら、ありがたいな」という、日本人が本来持っている見えない存在に対する感謝の気持ちや畏敬の念を大切にしていくことができたら、素敵だなと思います。

第４章のまとめ

【七つの法則を理解する】

★三世代続く「フラクタルの法則」は家系のテーマ。

★「順行・逆行の法則」は家系の流れ。

★「陽転・陰転の法則」は個人の変化。

★「陰陽の法則」は人間関係のバランス。

★家系には「男女継承の法則」がある。

★家系には「役割継承の法則」がある。

★先祖の善行・悪行が受け継がれる「陰徳・因縁の法則」。

第5章 家系図を作る

5-1 家系図リーディングの目的

それではいよいよ、家系図を作っていきましょう。

冒頭からお伝えしていますが、家系図は問題探しのツールではありません。

大切なのは、家系に受け継がれている愛の物語に気づくことであり、過去にどのような出来事があったとしても、現在を生きる私たちが家系の流れを変えていくことができるということです。

この家族が本当に愛し合っていたらどんな未来があるんだろう？　どんな奇跡が起きるんだろう？　という目線で家系図をみていきましょう。

家系や先祖に責任転嫁したり、言い訳の材料にするのではなく、自己理解と家族の絆を深めていくために家系図リーディングを活用してください。

人生には、節目ごとになんらかのライフイベント（思わぬ出来事）が用意されており、それらをクリアできないままでいると、肉体は大人になっても精神的には子どものままで、他者と関係性を育むことや自己実現を達成することが難しくなります。

例えば、

「人間関係でなぜかいつもトラブルが起きてしまう」

「いつもお金に困っていて、お金が出来ても急な出費でなくなってしまう」

「なぜかいつもパートナーのいる人を好きになってしまう」

など、一見望まない出来事もすべて、人生で必要な経験をするために自分で準備した自作自演のドラマなのです。


家族とはドラマに出演してくれている役者であり、テーマや課題を共有することで、お互いに鏡となり、愛を経験していく約束をした縁の深い人たちです。

そんな家族と向き合うときに私たちにできることは、**自分も相手も完璧ではないことを認めることです。**

自分の弱さを認めることができない人は、自分を正当化するために他者を否定し、責任転嫁をします。ですが、他者否定は自己否定の現れであり、自分も周囲も傷つけてしまいます。

「自分も相手も完璧ではない。それを理解した上で、自分も周りも大切にしていきたい」という気持ちを忘れずに生きることが、自分と大切な家族のためにできることです。

「問題」のように見えることは、愛に気づくためのきっかけでしかありません。「問題」に囚われているうちは、愛に気づくことはできませんが、問題の奥に隠れている真実をあるがままに受け入れ、心を重ね始めたときから、徐々に家系全体に癒しが起き始めます。

家系が癒されると、その影響はその家系の人間が属している地域・組織・社会へと反映され、社会全体の癒しにもつながっていきます。

5-2 家系図リーディングの手順

①扱いたいテーマを明確にする

家系図リーディングを行う際は、**まず扱いたいテーマを明確にします。**

テーマの決め方が曖昧だと、その後のリーディングも曖昧になってしまうので、

・誰の、どんな悩み（望み）を扱うのか

を明確にしましょう。

その際、第3章で扱った四大テーマ（人間関係、金銭関係、子ども関係、健康関係）のいずれかに該当するケースが多いと思いますので、どのテーマが潜んでいるのか探してみましょう。

テーマが複雑に入り組んで絞り切れないときは、家系の中で目立っている人や、課題を抱えている人について話を聞くと、テーマを見つけやすくなります。

②理想の家族像を書き出す

テーマが明確になったら、**どういう家族像が理想なのかを掘り下げます。**

これも具体的に書き出せると、より効果的です。

「家族が笑っていられるようになりたい」

ということが理想であれば、「家族が笑っていられる」とはどのような状態なのかを掘り下げていきます。

例えば、

「月に1回、家族で家族会議を開き、お互いの気持ちを共有している」

「年に1回、家族旅行に行っている。行きたい場所は毎年持ち回りで決める」

「家族にとって大切なことをみんなで話し合い、紙に書き出して冷蔵庫に貼る」

など、具体的に測定できる状態まで掘り下げると効果的です。

③家系図の基本形を作る

家系図を作るときは、**本人を中心に三親等までの家系図が基本です。**

家系図の書き方の具体的な手順をみていきましょう。

(1)本人と本人の両親、兄弟、祖父母を記入していきます。本人にパートナーや子どもがいる場合も記入します。

(2)これらの主要登場人物たちに対して、それぞれのパーソナリティ（性格、特徴、職業など）や、どんなストーリーの持ち主なのかを書き加えていきます。この際、全員を細やかに書く必要はありません。印象深いストーリーや問題視されている人を重点的に書いていけばＯＫです。

(3)最後に、誰と誰がどんな関係なのか、仲が良いのか悪いのか、どんな感情のつながりがあるのかなど、それらを記載していけば、家系図の基本形が出来上がります。

本人の記憶に従って家系図を作成していきますので、わからない部分があっても構いません。家系図の書き方の基本ルールは次のようになります。

- 男性は□、女性は○（本人は▣、◎）。
- 男性は右、女性は左に書く。
- 亡くなっている場合は、男性は■、女性は●。
- 子どもは生まれた順に右から書く。
- 通常の関係は直線でつなぎ、関係が強い部分は太線で、関係が悪い部分は波線。愛人・不倫関係の場合は点線。
- 夫婦は二重線（夫は右、妻は左に書く）、養子は縦二重線。
- 離婚している場合は二重斜線、別居している場合は斜線。
- キーパーソンは☆、バランサーは★。
- フラクタルを見つけたらその箇所を囲む。

家系図の基本形

<○○家>

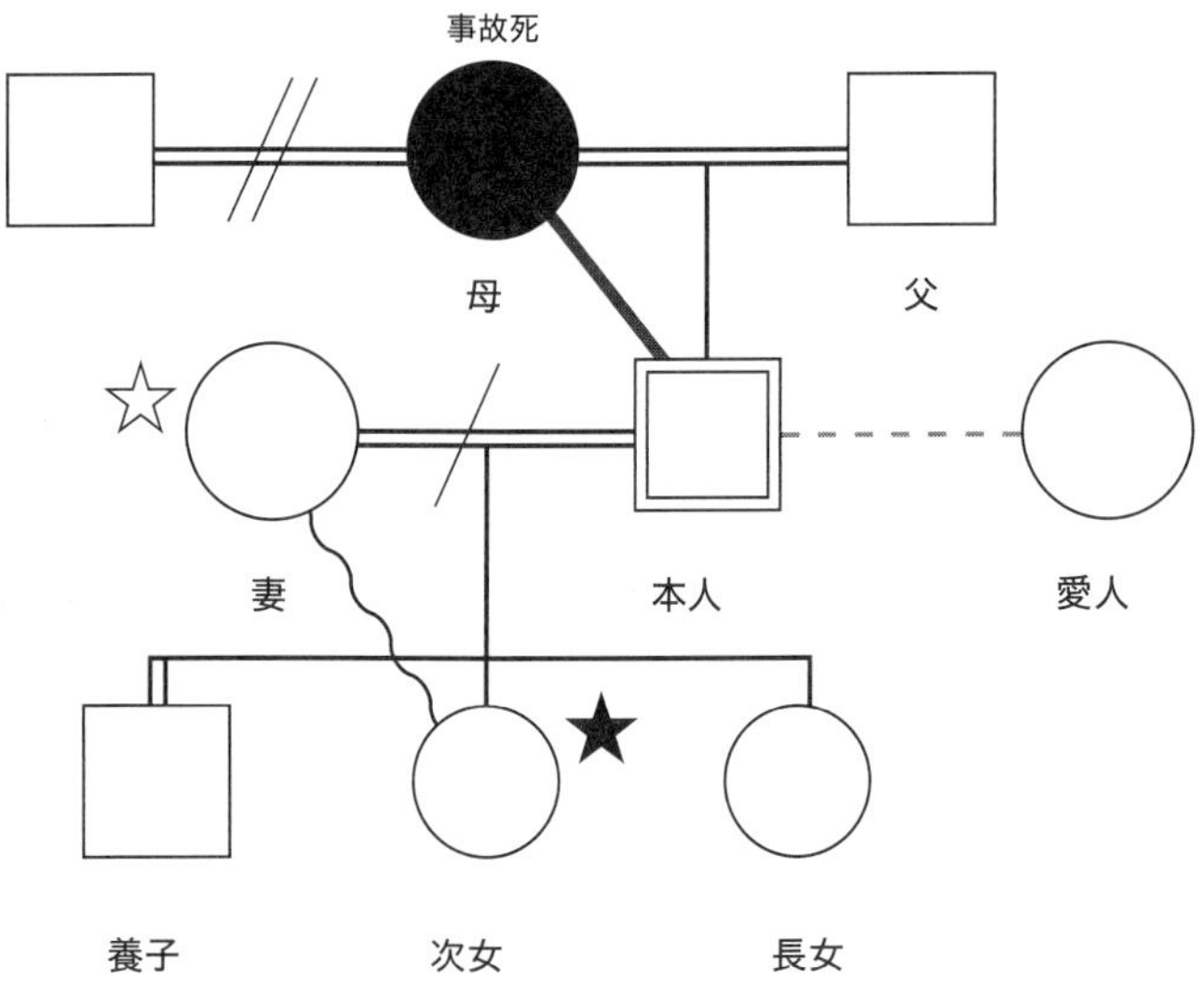

④キーパーソン・バランサーを見つける

次に、**家系の中でテーマを持っていそうな人を探していきます。**

例えば、父親の兄弟にテーマを持っていそうな人がいれば、父親の兄弟をすべて書き出し、それぞれのパーソナリティ（性格、特徴、職業など）を記入します。**このテーマを持っていそうな人のことを、「キーパーソン」と呼びます。キーパーソンとは、家系内で鍵を握っている重要人物です。**

お金のトラブルを起こしていたり、病気であったり、女性関係の噂が絶えないなど、一見トラブルメーカーに思えるのがキーパーソンです。

通常、このような人は疎ましく思われがちですが、その人の問題のようにみえて、**実は家系内にある負の遺産を一人で背負ってくれていることもあるので、その人自身を問題視しないように注意しましょう。**

次に探していくのが、**キーパーソンと対の存在の「バランサー」です。**

バランサーは、キーパーソンの言動に対して、犠牲者や調整者を演じる役割であることが多く、家系の中で我慢をしている人や、家系内の人間関係の要を担っている人が該当します。

キーパーソンとバランサーは、仲違いしていることが多く、この二人の仲を良好にすることが家系全体の統合につながることも少なくありません。

キーパーソンとバランサーの関係には、法則4でお伝えした「陰陽の法則（P135）」が出やすく、本当は理解し合いたい、歩み寄りたいと心の奥では思いながらも、うまくその気持ちを

表現できなかったり、相手に対して冷たい態度を取ってしまうといったことが起きやすくなります。

実は**このキーパーソンとバランサーの関係そのものが、家系に受け継がれてきたドラマやフラクタルになっている可能性が高い**ので、キーパーソンとバランサーの関係を見つけたら、注意深くみていきましょう。

⑤フラクタル（家系のテーマ）を見つける

家系図を読み解くときの基本的な見方が、フラクタルを見つけることです。

法則1の「フラクタルの法則（P118）」に従って、家系の中で繰り返されるテーマを見つけていきます。

家系図全体を見渡し、フラクタルや関連していそうな出来事がないかをみていきます。先祖と似たような性格を引き継いでいたり、養子縁組が続いていたり、病気や事故、自殺、金銭問題や人間関係の問題など、**連続して家系の中に現れる事象があれば、「フラクタルがある＝家系のテーマがある」**という見方ができます。

ただし、キーパーソンやバランサーはいるけれど世代を超えていない場合、個人の問題の可能性が高いため、家系図ではなく個人のテーマとして扱います。

家系のテーマなのかどうかを見極めるには、フラクタルが三世代以上続いていることを基準に考えていきましょう。

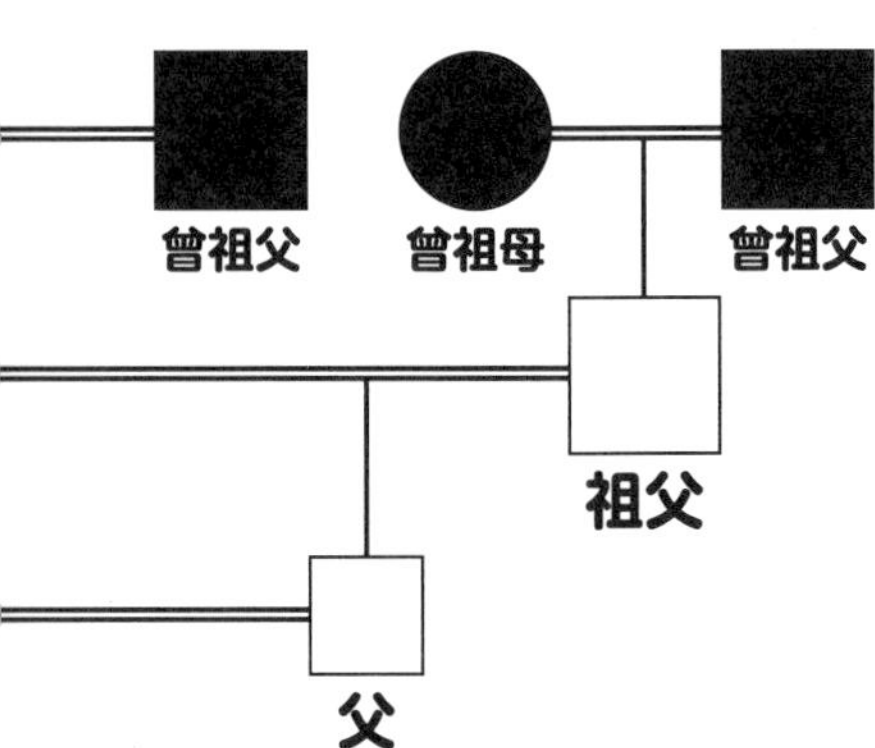

フラクタルを見つける

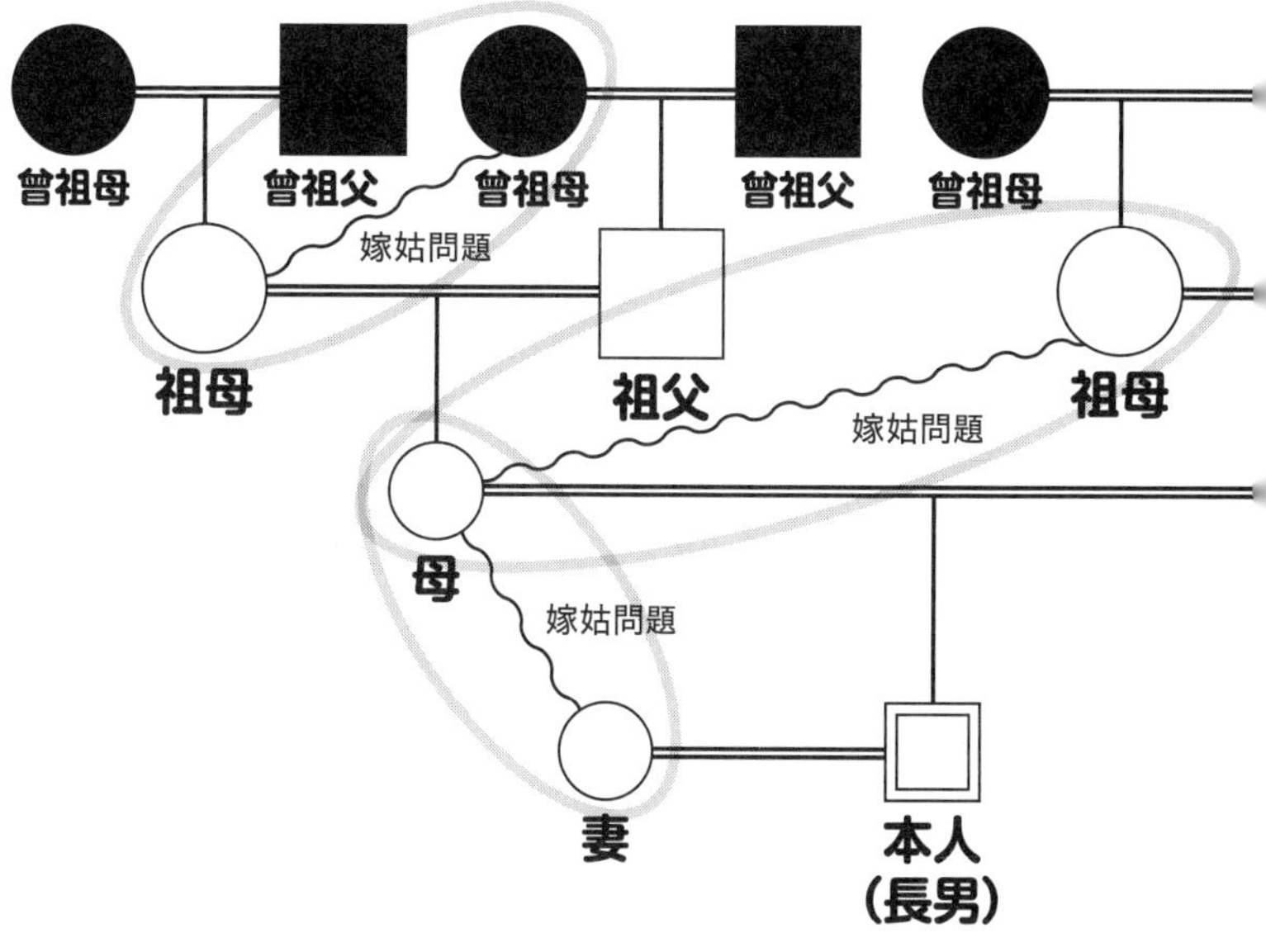

⑥行動を具体的に決める

フラクタルを見つけたら、**どのように行動していくのかを決めていきます。**

過去に先祖の代で起きていたことが、今の人間関係ではどのように現れているのかを観察し、先祖が抑圧していた思いや本音などを推測していきます。

その上で、今を生きる私たちにできることは何か、もし先祖が生きていたら本当はどのようにしたかったのかを考えていきます。

・家系の中にどんな愛が隠されてきたのか
・どんなことに取り組む必要があるのか
・キーパーソンはどんな気持ちでいたのか
・バランサーは、今までどんな取り組みをしてきたのか

行動の決め方の最大のポイントは、**過去の先祖たちができなかったことを、今を生きる私たちが行うことです。**

例えば、両親（祖父母）に甘えることができなかった親の元に生まれた子どもが取り組むのであれば、自分が両親に甘えること、もしくは両親を甘えさせてあげることによって、多くの場合、解決に向かいます。

家系内にずっと我慢している人がいるなら、その人の負担を軽くしてあげるために寄り添い、自分にできる小さなことに一緒に取り組みましょう。

金銭関係のトラブルが続いているのであれば、プレッシャーを感じている家系内の男性を探し、お金があってもなくても、「あなたのことを支え、尊

敬しているよ」と女性が寄り添い、支えていくなど、今まで出てきた法則を活用しながら、具体的な行動を決めていきましょう。

〈参考〉第三者の家系図リーディングをする場合

友人の家系図リーディングをする場合は、一方的に読み解きを行うことはせず、家族のことを一番よく知っている友人ご自身に主体的に考えてもらうことが大切です。

家系図を紐解きながら相手に質問をしていくと、「そういえば、こんな話を聞いたことがある」「おじいちゃんとのこんな思い出がある」というように、忘れていた大切な記憶が蘇ることも珍しくありません。

当事者意識を持ってもらうことで、リーディングの読み解きは一段と深いものになります。

5-3 行動することで世界は変わる

家系図を作り、家系のテーマを知ったとしても、**私たちが行動しなければ現実を変えることはできません。**

家系を扱う場合は、自分だけでなんとかしようとするのではなく、**家系の中で同じように家系のテーマに取り組みたいと思っている協力者を探すことをお勧めします。**

家族という良くも悪くも強いつながりのある関係性を扱うときは、すべてが最善であるということを受け入れ、今の私たちにできること一つひとつに謙虚に取り組んでいく姿勢が大切です。

そのときに、周囲の理解を得られなかったとしても、自分が家系の流れを変えていくという気持ちを忘れずに持ち続けてください。

もしかしたらあなたの先祖も、あなたと同じように家系のテーマに取り組もうとしながら、葛藤し、悩み、あなたへとバトンを託しているのかもしれません。

家系図を作る目的の一つは、自分の家系に感謝することです。

そうすることによって、過去の因縁を絶ち、未来に愛の物語を受け継ぐことができます。先祖とのつながりを大切にすると、自尊心が芽生え始め、自分のことも他者のことも大切にできるようになります。

また、先祖への感謝はもちろんのこと、**一番近い先祖としての両親への感謝ができるかも大きなことの一つです。**

家系図リーディングが、あなた自身だけでなく、家族やその周囲の人たちの生き方や考え方にも影響を与える一つのきっかけになれば幸いです。

○○家

第５章のまとめ

★家系図リーディングは、
家系に隠された愛を見つける技術。

★問題のように見えることは、
愛に気づくためのきっかけでしかない。

★家系図リーディングの手順を理解する。

★行動しなければ、現実は変わらない。

★家系図を作ることで、家系に感謝する。

第6章 家系図事例とワーク

ここからは、家系図リーディングへの理解を深めるためにワーク形式で進めていきます。

以下のような家系の場合、どのようなテーマが隠され、どのような行動をしていくと家系の流れを変えることができるでしょうか？ 必ずしも正解が一つだとは限りませんので、自分なりに考察しながら読み進めてみてください。

【Fさん（女性）の事例】

Fさんの家系は離婚が多い上、夫婦仲の良くない家族が多く見られました。

Fさんの両親も離婚しており、姉夫婦は不仲で、Fさんは現在のパートナーと結婚するかどうか悩んでいます。周りの状況を見ていると、結婚に踏み出せずにいます。

Fさんは結婚したいと思っており、姉夫婦にも夫婦仲を改善して幸せになってほしいと思っています。

どのようなテーマが考えられるでしょうか。

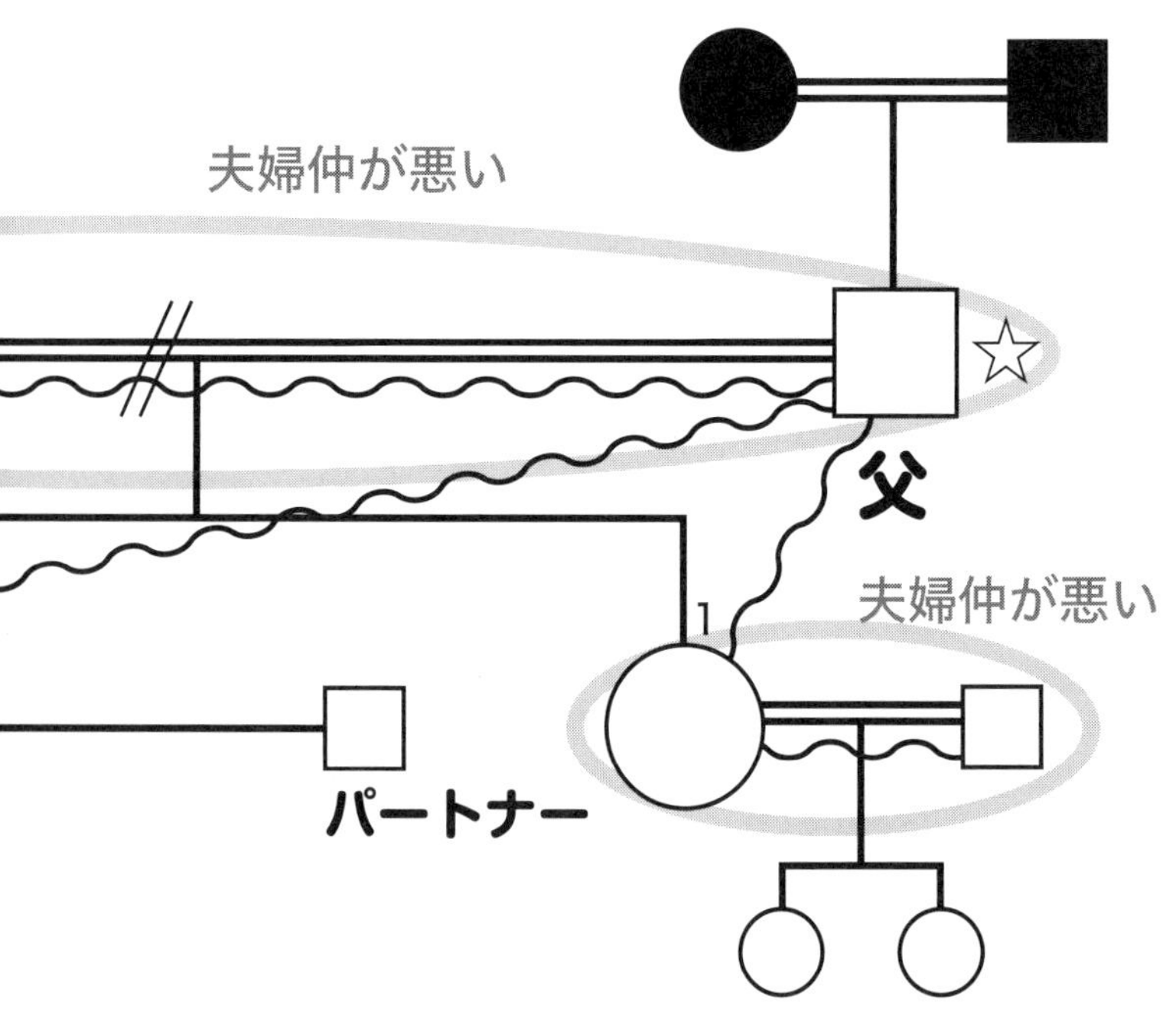
夫婦仲が悪い
☆
父
1
夫婦仲が悪い
パートナー

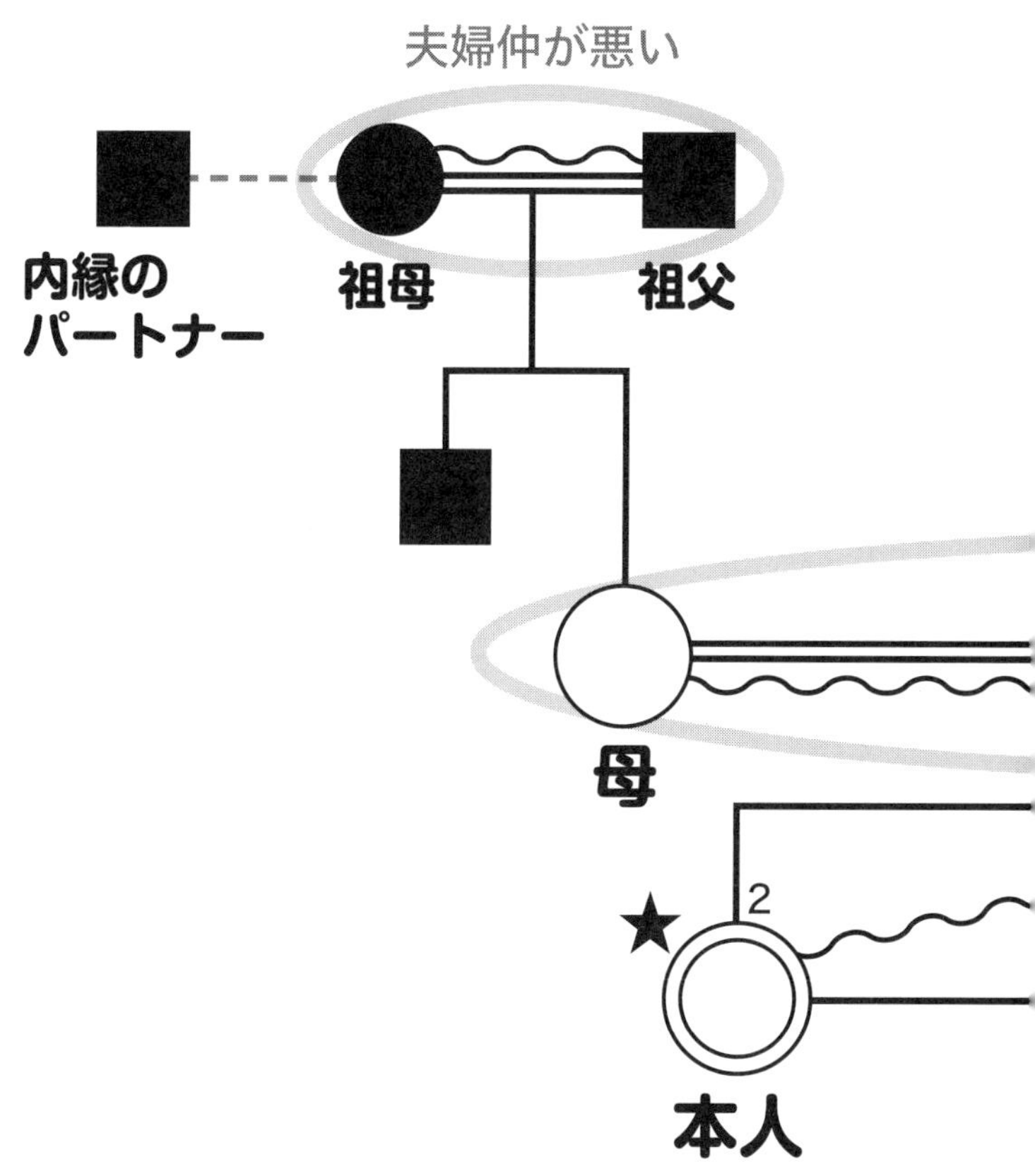
夫婦仲が悪い
内縁の
パートナー
祖母
祖父
母
2
★
本人

【解説】

まずはFさんの両親の夫婦仲がどのようなものだったのかをみていきましょう。父親が強くて母親が虐げられていたのか、もしくは父親が弱くて母親が父親を尊敬できなかったのかなど、なぜ離婚に至ったのかを確認します。

今回のケースで言うと、結婚しても幸せになれないとFさんが思っているというところをみると、幼少期から母親が幸せそうではなかった姿を見てきたのかもしれません。

もし姉と父親も不仲であるならば、**父親（男性）が尊敬されていない家系**という見方ができ、金銭トラブルや女性関係、ギャンブルなどの問題があった可能性があるので、フラクタルがないかを探していきます。

もしフラクタルがあれば、そのときの状況と今の状況を確認して、どんな愛の問題が隠されているのかを読み解いていきます。

基本的なアプローチとしては、まずFさんが母親に寄り添い、父親に対するマイナスの見方を変えていくことに取り組んでいきます。

女性は本来、無条件の愛を持って人に接する器を持っていますが、自己愛が欠如すると、自分のことも周りの人のことも愛することができなくなり、その状態が続くと、周りからの愛も受け取ることができなくなってしまいます。

そんな状況を見ていた姉が、母親を守るために父親に反発し、不仲になっているという可能性もあるかもしれません。

その場合、Fさんはバランサーという立場から、母親、姉、そして父親をつなげる役割を担っているように見受けられます。

家系図を読み解く中で、Fさんのパートナーと姉のパートナーが、実は二人とも父親と似ているということも発覚しました。

姉もFさんも、本当は父親のことが好きだということを認め、父親を否定することで母親を守ってきたことに気づくことができれば、家系の癒しが生まれていくでしょう。

後日談ですが、Fさんは、離婚してからずっと疎遠になっていた父親に会いに行くことを心に決めて、実際に会いに行ったそうです。昔の印象とは違い、穏やかに過ごしていた父親の顔を見て、Fさんは長年のしがらみから解き放たれたように感じたと言います。

母親の目から見た父親ではなく、今の自分から見た本当の父親を知ることで、男性に対する思い込みも徐々に変わり始め、パートナーとの結婚も前向きに考えられるようになったとのことです。

次の行動は、家族4人で食事をするということでしたので、数年ぶりの家族の時間は、きっと素晴らしいものになるでしょう。

【Gさん（男性）の事例】

Ｇさんの家系は、男性が独身か、男の子が生まれても小さい頃に亡くなってしまうことが続き、このままだと家が続かないという跡取り問題がありました。

ちなみに、Ｇさんも独身男性で、結婚願望はあるものの未婚です。

どのようなテーマが考えられるでしょうか。

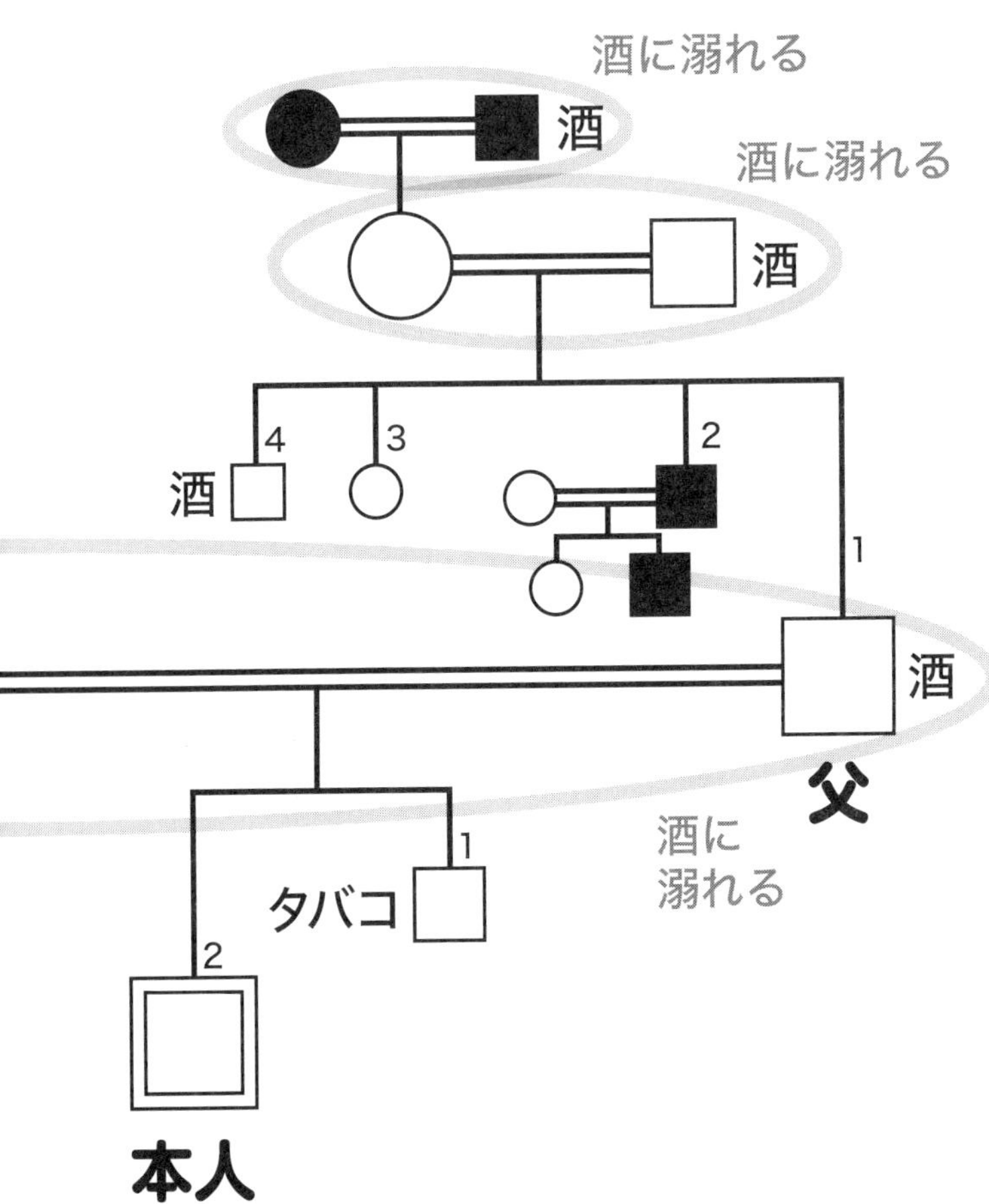
酒に溺れる
酒
酒に溺れる
酒
4
3
2
酒
1
酒
父
1
酒に
溺れる
タバコ
2
本人

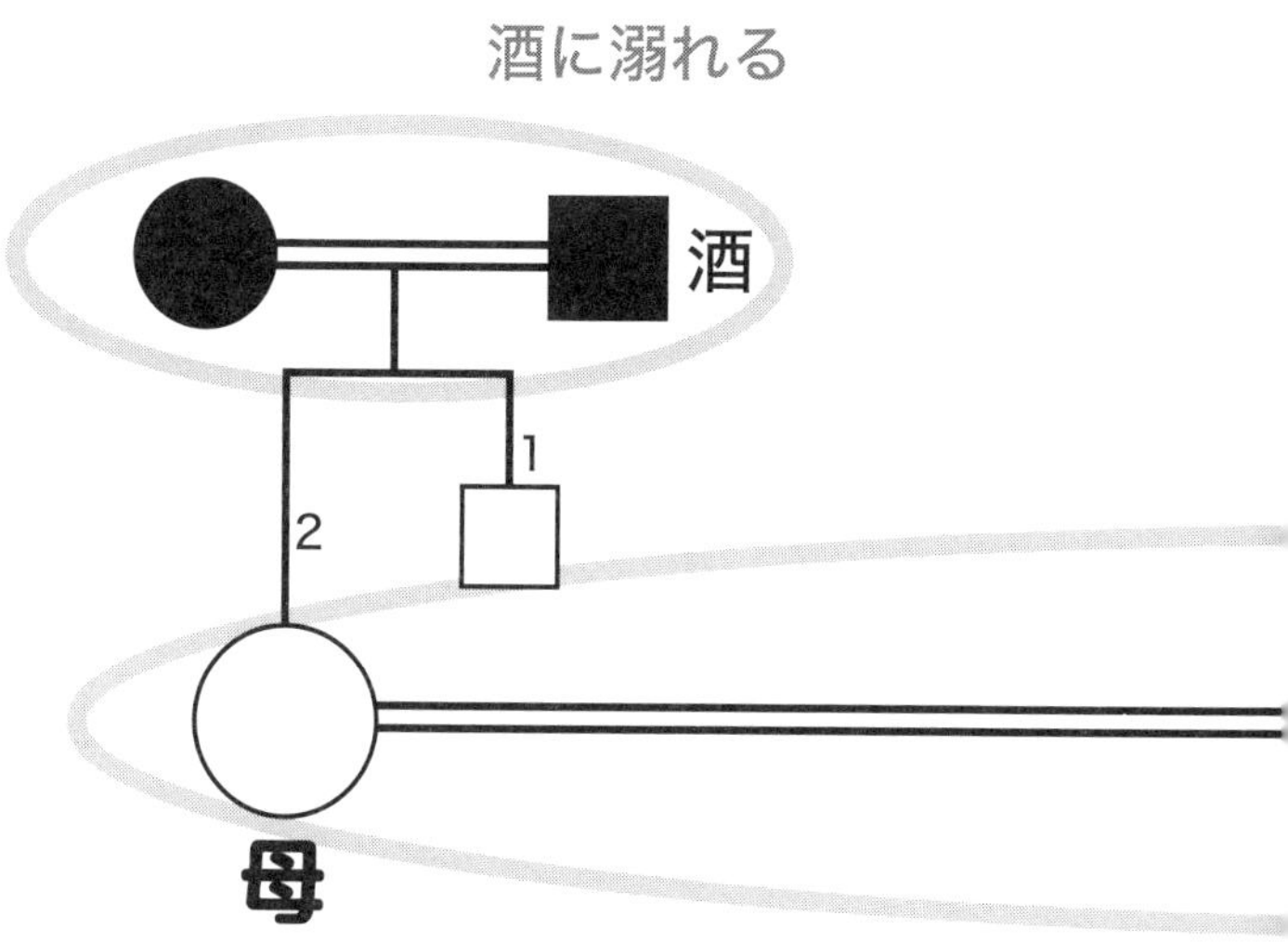
酒に溺れる
酒
1
2
母

【解説】

男性が結婚できない、男の子が生まれても亡くなってしまったり虚弱体質であるなど、跡取りに問題がある場合、**女性の悲しみが隠されている**場合があります。

実際に家系図を書いてみると、酒やタバコに溺れがちな頼りないダメな夫を、妻が我慢しながら支えているという関係性が家系内に見えてきました。

このケースの場合、女性が自己犠牲を払いながら家系を支えているため、男性を育てるという発想がないまま、ずっと頑張り続けなければならないという状況に陥る傾向があります。

本来、女性は男性を育て、育てられた男性は家庭を守るために活躍し、成果を持って家に帰ってくるものですが、男性が家にいて、女性が外で頑張るというように、男女の役割が逆転していました。

お互いが同意の上で、夫が主夫、妻が外で働いているのであれば問題ないのですが、妻が働かざるを得ない状況が続いており、男性性を強くせざるを得ない女性と男性性を発揮できていない男性という夫婦間のアンバランスが家系内にあるように読み解けます。

男性性と女性性のバランスがテーマになっている場合は、「受け取る＝自分を愛すること（女性性）」と、「与える＝他者を愛すること（男性性）」に取り組んでいきます。

今回のケースだと、甘えることができない女性が自己犠牲の上に与え続け、与える存在になれない男性が受け取り続けていますので、女性は、自分が甘えられる、本音を打ち明けられる存在を見つけて、誰かに助けてもらってもいいという経験をしていきます。

このとき、両親がその役割を担ってくれればいいのですが、両親との関係が不仲で、親友や頼れる知人もおらず、誰にも相談できない状況になると、孤独を深めるか、夫以外の男性に惹かれてしまい、浮気や不倫に陥ることもあるので注意が必要です。

一方で自立できていない男性は、自分の父親とのあいだに確執がある場合が多いため、Ｇさんは、自分の父親との関係性に向き合う必要があります。

自分の自信のなさや今後のビジョンの曖昧さと向き合いながら、自分を支え続けてくれた女性に対する信頼や感謝の気持ちを持てるかどうかが鍵になります。

家系内の女性の孤独を癒しながら、男性が自立の道を歩むことで、Ｇさんの家系の跡取り問題や結婚も良い方向へと進んでいくでしょう。

【Hさん（女性）の事例】

Hさんは、長女に幸せでいてほしいというテーマを持っていました。

Hさんの長女は不登校で、ちょっとしたことで怒ってしまったり、Hさんの愛情を独り占めしたいという気持ちが強い子です。Hさんは、長女の気持ちに応えてあげたいと思いながらも、次女のことや家庭のことで手一杯で、長女の気持ちに応えられず自分自身を責めてしまっているとのことでした。

次女は長女のことが大好きですが、長女よりも自分の主張がはっきりしており、嫌なことは嫌だと言うことができるため、長女はそんな次女が癪にさわり、いつも喧嘩をしています。

どのようなテーマが考えられるでしょうか。

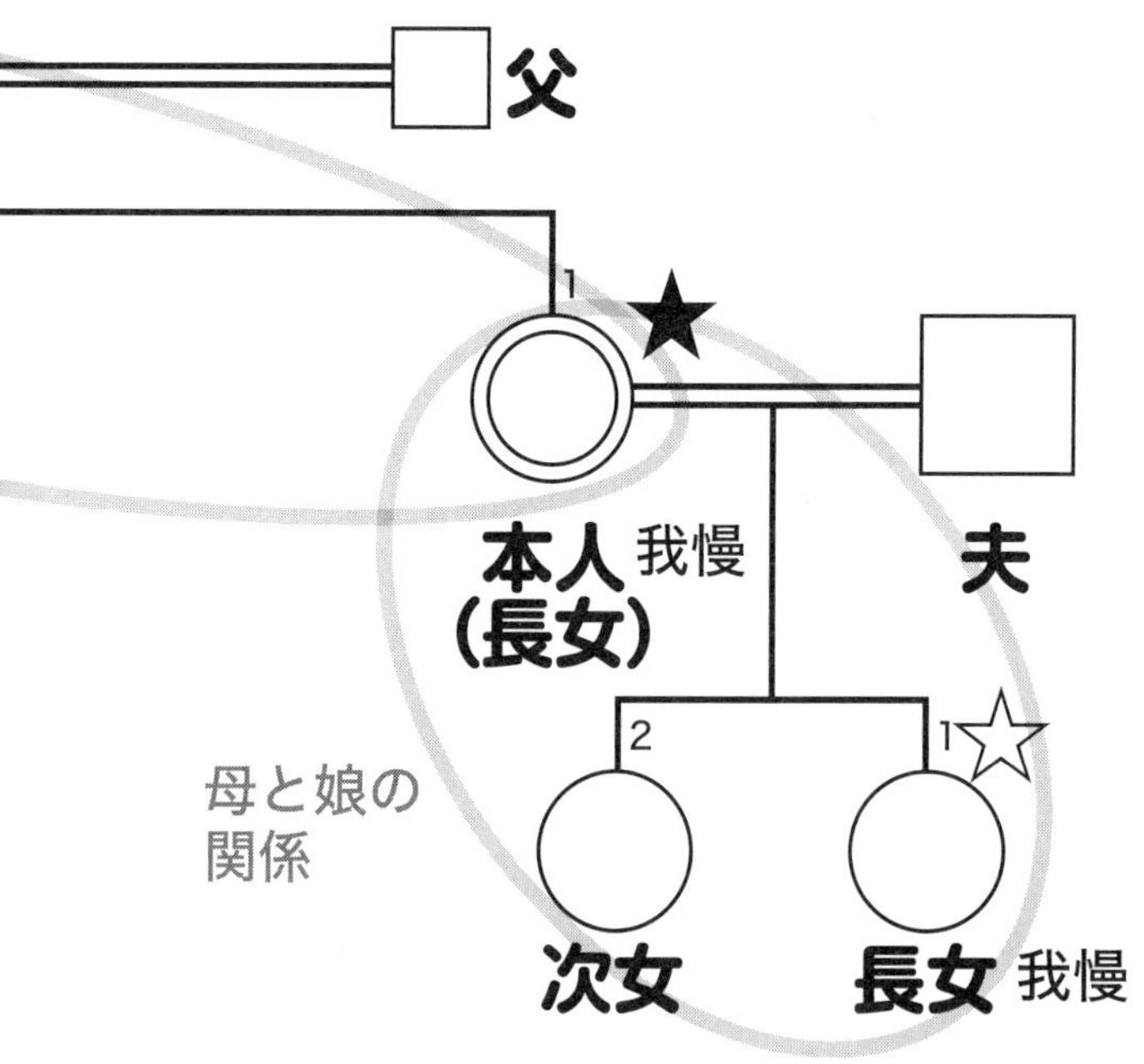
父
1
本人
(長女)
我慢
夫
母と娘の
関係
2
1
次女
長女
我慢

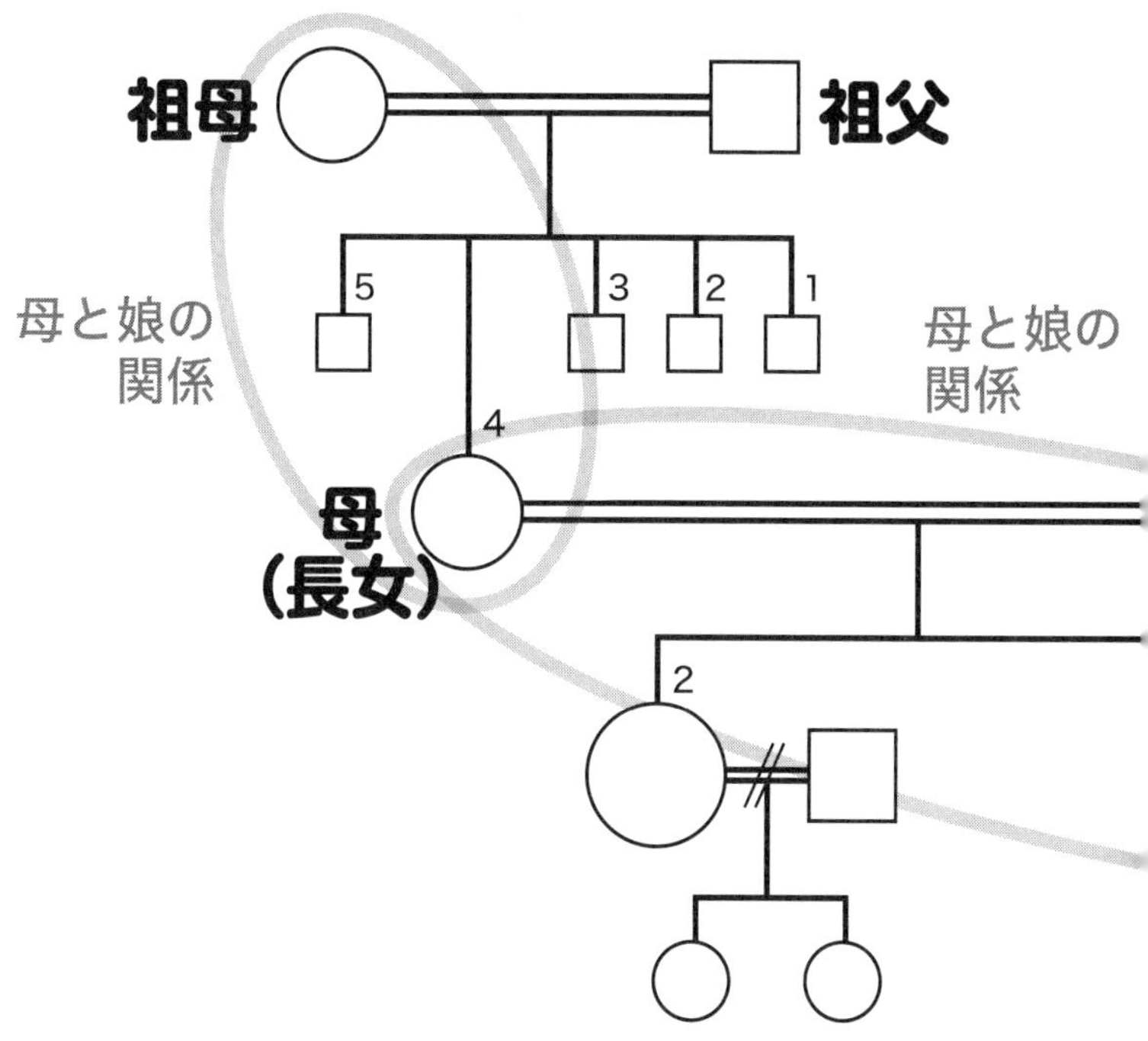
祖母
祖父
5
3
2
1
母と娘の
関係
母と娘の
関係
4
母
(長女)
2

【解説】

家系図をみていくと、Hさんと長女のパーソナリティがとても似ているということがわかりました。また、Hさん自身も長女で、母親の愛を独り占めしたいと思いながらも、次女に母親を譲り、自分はいつも我慢していたようです。

このことから、**Hさんと長女の関係は自分と母親の関係のフラクタルだ**と読み解くことができます。

Hさんが母親の愛情を欲しがっていたにもかかわらず、ずっと我慢をしていたため、Hさんの娘たちは我慢をせずに表現をすることで、Hさんに甘えることの大切さを教えているという見方ができます。

また、次女に関しては、自分の主張をはっきりと伝えることの大切さをHさんや、Hさんと似ている長女に伝えているのではないでしょうか。

実際に家系図をみてわかったことは、Hさんの母親は5人きょうだいの長女で、ほかのきょうだいがすべて男の子だったことから、母親の愛情を一身に受けていました。

自分が愛されているということは当たり前で、なんでも自分が一番、お願いをすれば喜んで叶えてくれる人が周りにいるという状況から、誰かに愛情を注ぐことよりも、自分に愛情を集めることが自然と身についています。

それが原因で、子育てにおいて、愛情の注ぎ方がわからなかったのかもしれません。

Hさんは、まず母親に自分がずっと我慢していたという気持ちを伝えた上で、今からでもお互いに無理のない範囲で、母親に甘えることをしてみるとのことでした。

そして長女には、自分がしてほしかったことをしてあげることで、過去の自分を癒し、今の長女も癒していくことに取り組むそうです。

Q&Aコーナー

Q1.

両親に関する思い出がない場合はどうしたらいいですか？物心がついたときから手本となる父親はいませんでした。

A1.

父親がいなかったとしても、母親が男性性を強めて父親の役割を果たしていたり、祖父や親戚のおじさん、もしかしたら近所のおじさんや学校の先生などが父親の役割を果たしていたかもしれません。あなたに男性的な強さや自立することの大切さを教えてくれた方を思い出すことで、本来父親から受け継ぐはずだった男性性を探してみましょう。

Q2.

私の家系の場合、母方の家系が男性性が強いように感じました。もっと女性性を強めたほうがいいということでしょうか?

A2.

男性性と女性性は、どちらが強いほうがいいとか、弱いとダメだということはありません。まずは、どんな家族を作りたいのかを考えてみてください。優しい男性が家を守り、強い女性が外で活躍する家系もいいですし、夫婦で事業を起こして、家族みんなで働く喜びを味わうというのも素敵だと思います。

家系図リーディングは、表に現れている問題に目を向けるのではなく、問題の奥に隠されている愛の物語を読み解くことが目的です。ご自身の理想の家族像、家族のビジョンを思い描くことで、理想の家族を作ってください。

Q3.

夫と仲良くしたいのですが、話もできない状況です。何から始めたらいいでしょうか？

A3.

少し厳しい言い方に聞こえるかもしれませんが、旦那様とお話ができないという現状は、あなたが旦那様を尊敬し、男性特有の寂しさやプライドを理解して、いい男（自分好みの男）に育ててこなかった結果です。

男性が女性に求めているのは、状態が良いときも悪いときも「あなたなら絶対にできる。大丈夫よ」と信じて見守ってもらうことであり、そのように接してくれる女性のことを男性は信頼して、何でも話してくれるようになります。

ですが、弱音を受け入れてもらえず、アドバイスも女性目線のものであると、だんだんと相談すらしなくなり、また女性のほうの相談にものりたくなくなってしまいます。

今、旦那様が何に取り組んでいて、どんな気持ちでいるのかを知ろうとするところから始めていきましょう。その上で、旦那様のこだわりや好きなものを大切にすることで、徐々に信頼関係を作り直していくことができます。

Q4.

妻が何を考えているのか、どう接したらいいのかがよくわかりません。

A4.

男性は女性に対してアドバイスをしがちですが、実は女性はそんなことは求めていません。ただ自分の話を聞いてほしい、ただ気にかけてほしい、ただ受け入れてほしいと思っていることを、男性は理解する必要があります。

女性は共感してもらえたと感じると本音を伝えてくれるので、奥様の本音を引き出すまでに、忍耐強く話を聞き続けることができるかが試されます。男性から見たら大したことではなかったとしても、女性にとってはとても大切なことであるということを常に心の片隅に置きながら、奥様に寄り添い続けてください。

また、男性は見栄を張らずに、わかりやすい言葉や愛情表現をしていきましょう。

Q5.

自分の子どもや孫の世代に、悪い流れを引き継がせたくないと思いますが、何が良くて何が悪いのかということを自分たちが決めてもいいのでしょうか？子どもたちには、自由に生きてほしいと願っています。

A5.

私たちも、子どもたちに自由で生きてほしいと願っています。悪い流れを引き継がせないようにと思うのではなく、家系に引き継がせていきたい文化をイメージして、それを日々の暮らしの中で大切にしてください。

何を選ぶのかという最終的な決断は子どもたちに委ねた上で、愛のある家系を作っていきたいですね。

終わりに

最後までお読みいただき、ありがとうございました。

『家族を愛する技術』というタイトルが決まったとき、今の時代に必要なメッセージだなと感じながらも、「なぜ、本来愛し合っているはずの家族を愛するための技術が必要なのだろう」と矛盾を感じたのを覚えています。

私自身、人並みの反抗期は経験しましたが、両親から愛されていないということや両親の不仲で悩んだことはなく、平凡ですが幸せな家庭で育った人間です。

そんな私ですから、様々な人たちの悩みの相談に乗る中で、あまりにも家族関係に悩んでいる人が多いことに当初はとても驚きました。

人間の悩みの本質を紐解いていくと、大半が幼少期の両親との関係から大きな影響を受けているということは、すでに多くの人が知る事実だと思います。

ですが、両親との関係に課題を持っていることを自覚できたとしても、それでも両親を愛せない、許せない、両親から愛されていたということを受け入れたくない、絶対にそんなはずがない、という想いに囚われている人も少なくありません。

人間の動機は１００％愛です。
人を傷つけたい、人から嫌われたいと思って生きている人は、一人もいません。
私たちは、「本当は誰かを愛したい。誰かから愛されたい」と願いながらも、うまく愛を表現できずに不器用に生きています。

特に、家族関係においては、自分と両親との関係では終わらず、両親がその両親から受けた教育や経験が、私たちの記憶やＤＮＡにも蓄積され、余計に課題を難しくしているのかもしれません。

何かのご縁で本書を手に取ったあなたが、もし、「家系の流れを変える」という大きな役割を担っているとしたら、今日からどんなことに取り組むことができるでしょうか。

家族という特別な関係だからこそ、しがらみやジレンマがあると思います。

本書で学んだ様々な法則を思い起こして、少しずつでも、家系の中にある愛の物語を見つけ出していただければ幸いです。

愛されたければ、まず愛すること。

理解されたければ、まず理解すること。

「自ら与える。見返りを求めずに」という生き方ができるくらい成熟していれば、たいていの問題はクリアすることができます。

そうすれば、いつか、あなたがずっと受け取りたかったものを受け取ることができるかもしれません。

一般社団法人アクセスリーディング協会では、「家系図リーディングファシリテーター養成講座」や「家系図研究会」を通じて、家族関係や夫婦関係、子育てなど、家系に関することを日々研究・実践していますので、本書の内容をより詳しく学びたい、実際に仕事として活用したいと思われた方は、お気軽にお問い合わせください。

末筆になりますが、本書を書き上げる上で、心を重ねてくれた一般社団法人アクセスリーディング協会のみんなに心から感謝します。

最後まで本書をお読みいただき、ありがとうございました。

どこかでお会いできる日を楽しみにしています。

２０２０年12月　　吉武大輔

〈著者〉

吉武大輔（YOSHITAKE DAISUKE）

次世代リーダーの幕賓
作家
ＭＢＡ（経営学修士）
IMAGINE INC. 最高経営責任者（CEO）
一般社団法人アクセスリーディング協会 代表理事
7つの習慣®アカデミー協会 認定ファシリテーター

１９８６年 山口県出身。18歳の時に英語の教員を目指して上京するも、大学在学中の２０００人以上の人との出会いをきっかけに、卒業後1年間の準備期間

吉武大輔の私塾「IMAGINER（イマジニア）」

「新しい今を創る」をコンセプトに、人生と事業に必要な原則をバランスよく学ぶことができるオンラインの私塾を主宰しています。

＊下記 URL または、QR コードでサイトへのアクセスをお願いします。

【新しい今を創る IMAGINER（イマジニア）】
http://daisuke-yoshitake.com/imaginer/

を経て起業。世界No・1マーケッター、ジェイ・エイブラハムのマーケティング理論・ランチェスター戦略・ドラッカー理論・7つの習慣・経営学修士（MBA）など現実的成果を生み出す経営戦略と、スピリチュアル・陽明学・九氣方位学・奇跡のコース・エネルギーワークなど精神世界と呼ばれる領域の両方を幅広く探求し、現実と精神を融合した独自のビジネス理論・リーディング手法を確立。次世代リーダーの幕賓として、日本全国にクライアントを持つ。過去の累計相談件数は8000件を超え、売上規模、業種業界、個人法人問わず、幅広いビジネスやコミュニティに関わりながら、現実世界と精神世界の橋渡しをミッションに全国で講師・講演活動を行っている。目に見えない世界や抽象的な概念を分かりやすくかつ論理的に説明し、マーケティングを中心とした経営戦略を設計することを得意とする。座右の銘は、Everything's gonna be alright.

家族を愛する技術

どうしても解決できなかった家族の問題が解決する
家系図リーディング

初版1刷発行 ● 2020年12月15日

著者

吉武 大輔（よしたけ だいすけ）

発行者

小田 実紀

発行所

株式会社Clover出版

〒162-0843 東京都新宿区市谷田町3-6 THE GATE ICHIGAYA 10階　Tel.03(6279)1912　Fax.03(6279)1913
http://cloverpub.jp

印刷所

日経印刷株式会社

本文デザイン:花平和子(久米事務所)／イラスト:松島りつこ
編集:櫻庭郁子／校正:新名哲明・あきやま貴子／装丁:冨澤崇(EBranch)

ISBN978-4-86734-004-2 C0011